AF377693

La investigación en seguridad

Del Titanic a la ingeniería de la resiliencia

Jaime Rodrigo de Larrucea

Con la colaboración de:

www.logisnet.com

Colección: Gestiona
Director: David Soler

La investigación en seguridad. Del Titanic a la ingeniería de la resiliencia
1.ª edición, 2018

© 2015, Jaime Rodrigo de Larrucea
© de esta edición, incluido el diseño de la cubierta, ICG Marge, SL
Ilustración de la portada: Francesco Scatena

Edita: Marge Books
València, 558 – 08026 Barcelona
Tel. 931 429 486 - marge@margebooks.com
www.margebooks.com

Gestión editorial: Hèctor Soler
Edición: José M.ª Collazos
Compaginación: Mercedes Lara
Impresión: Book Print Digital, SA (L'Hospitalet de Llobregat, Barcelona)

ISBN: 978-84-17313-71-5
Depósito Legal: B 13892-2018

Índice

Capítulo 4
La teoría de los riesgos   69

Capítulo 5
La evaluación formal de seguridad (EFS)   79

Capítulo 6
Normas basadas en objetivos *(goal based standards,* **GBS)**   105

El autor

 Jaime Rodrigo de Larrucea (Barcelona, 1959) es abogado, doctor en Derecho y en Ingenería Náutica y profesor ordinario de Derecho Marítimo y Seguridad Marítima en la Universidad Politécnica de Cataluña. También es colaborador académico en la Universidad Pompeu Fabra y en otros centros docentes.

Es coordinador del Área Legal y de Derecho Marítimo de la Facultad de Náutica de Barcelona y miembro del Ilustre Colegio de Abogados de Barcelona, en donde es presidente de la Sección de Derecho Marítimo. Similar distinción tiene en la Sección de Tecnología de la Real Academia Europea de Doctores, institución de la que es académico numerario. Es además miembro de honor del Consejo Superior Europeo de Doctores y Doctores *Honoris Causa* y ha sido reconocido con la Cruz de San Raimundo de Peñafort.

Entre sus publicaciones, editadas por Marge Books, destacan: *La seguridad en los puertos* (2012, en colaboración con R. Marí y Á. Librán), *Transporte en contenedor* (2014, en colaboración con R. Marí y J. Martí), *Seguridad Marítima. Teoría general del riesgo* (2015), y *Manual del transporte en contenedor* (2018).

Presentación

La presente publicación tiene como antecedentes inmediatos otras obras del autor: *Hacia una teoría general de la seguridad marítima* (2014) y, de manera muy especial, *Seguridad marítima. Teoría general del riesgo* (2015). En esta última se dedicaba el capítulo X a la investigación sobre la seguridad marítima. Por lo tanto, este libro es fruto de una larga reflexión y una perspectiva sedimentada sobre la seguridad marítima. Razones de espacio y de sistemática aconsejaban un tratamiento panorámico de la cuestión en las citadas obras. Sin embargo, la importancia creciente de la investigación sobre la seguridad marítima y los nuevos fenómenos de la navegación y de la industria marítima, factores determinantes del presente estudio, hacen aconsejable ahora un tratamiento más detallado y profundo del tema.

En estás paginas iniciales quiero expresar mi agradecimiento a mis compañeros de universidad, profesionales y colegas del mundo marítimo, que en muchas ocasiones han enriquecido mis conocimientos a través del intercambio de opiniones y de apasionados diálogos. También quiero recordar a mis alumnos y ex alumnos de la Facultad de Náutica de Barcelona, que me han aportado nuevas reflexiones y perspectivas a través de sus trabajos de final de grado, máster o doctorado. A todos ellos extiendo también mi agradecimiento en la esperanza de que esta monografía contribuya, aunque sea modestamente, al avance y el progreso del conocimiento científico sobre la seguridad marítima y a la mejora de las regulaciones de la misma.

Jaime Rodrigo de Larrucea

Capítulo 1

Introducción

La investigación sobre seguridad se ha planteado de manera general sobre dos modelos que integran la teoría general de la seguridad: la teoría de los accidentes y la teoría del análisis del riesgo. Las evaluaciones de análisis sobre riesgo y seguridad son ampliamente utilizadas en todas las industrias potencialmente peligrosas. Por lo general tienen como objetivos principales la prevención y mitigación de eventos no deseados, tales como incidentes, accidentes graves y desastres. Los accidentes se definen como sucesos imprevistos que provocan lesiones, muertes, pérdidas de producción y daños en bienes y propiedades. Es muy difícil prevenirlos si no se comprenden sus causas. Ha habido numerosos intentos de elaborar una teoría que permita predecir las causas, pero ninguno de ellas ha contado hasta ahora con una aceptación unánime. Investigadores de diferentes campos de la ciencia y de la técnica han intentado desarrollar una teoría sobre las causas de los accidentes que ayude a identificar, delimitar y, en última instancia, eliminar los factores que causan o contribuyen a que ocurran accidentes.

La investigación en seguridad marítima no responde meramente a una curiosidad científica o intelectual, sino al propósito de aumentar los niveles de seguridad en la actividad marítima. Hemos pasado de un derecho reactivo −la respuesta legislativa frente al siniestro− a un planteamiento preventivo o de derecho proactivo: a partir de un método científico, ser capaz de prevenir y detectar los fallos en seguridad y preparar nuevas regulaciones, en atención al estudio del riesgo y de los accidentes o cuasi accidentes.[1]

---

[1] Ver Rodrigo de Larrucea J. (2017): «El derecho y la legislación proactiva: nuevas perspectivas de la ciencia jurídica. Aspectos metodológicos», *Tribuna plural: la revista científica.* Monográfico 3-2017, págs. 285-296.

Buque	Tipo	Año	Desarrollo legislativo
Titanic	PAX (trasatlántico)	1912	Primera versión SOLAS (1914)
Andrea Doria	PAX (trasatlántico)	1956	Nuevo COLREG 1972 en sustitución de la versión 1960
Castillo de Montjuich	Granelero	1963	Capítulo VI SOLAS, Anexo Transporte de grano
Torrey Canyon	Petrolero	1967	Convenio MARPOL Convenio CLC 1969 Convenio Fondos 1971 Fondos FIDAC Constitución del Comité Jurídico OMI
Amoco Cádiz *Tanio*	Petrolero Petrolero	1978 1980	Enmiendas SOLAS 1981 Memorando de París
Derbyshire	Granelero	1980	Código BLU 1997 Enmiendas SOLAS Código CG Seguridad graneleros CSM
Herald of Free Enterprise	RO-PAX	1987	Enmiendas SOLAS (1988) Código ISM
Piper Alpha	Plataforma	1988	Formal Safety Assessment (FSA)
Exxon Valdez	Petrolero	1989	OPRC Convention USA-OPA Oil Pollution Act
Estonia	PAX (ferri)	1994	Seguridad de buques RO-PAX Estabilidad
Erika	Petrolero	1999	Paquetes Erika I, II Y III
Prestige	Petrolero	2002	Paquete Post Prestige HNS Control
MSC Napoli	Buque portacontenedores	2007	Enmienda SOLAS, pesaje contenedores
Costa Concordia	PAX	2012	Normas de evacuación en estudio
MOL Confort	Buque portacontenedores	2013	Enmienda SOLAS, pesaje contenedores
Sewol	PAX (ferri)	2014	Normas de evacuación en estudio

Tabla 1.1. Algunos de los siniestros marítimos que han provocado importantes modificaciones legislativas.

En sus orígenes, la Organización Marítima Internacional (OMI) centró todos sus esfuerzos en elaborar un conjunto de convenios, códigos y recomendaciones que luego debían poner en vigor por los estados miembros. Normalmente las regulaciones surgían como consecuencia de los grandes siniestros marítimos. Así, a partir del desastre del *Titanic* (1912) se desarrolló el Convenio Internacional para la Seguridad de la Vida en el Mar (SOLAS). Desde comienzos de la década de 1980, su actividad se ha dirigido más hacia la aplicación efectiva de los convenios. En el momento actual ya está vigente el Plan de auditorías de los Estados Miembros de la OMI (IMSAS), es decir, es obligatoria la auditoría de todos los estados miembros desde el 1 de enero de 2016, para determinar el grado en que estos dan pleno y efectivo cumplimiento a las obligaciones y responsabilidades recogidas en los principales convenios de la OMI, desarrollados a partir de los grandes siniestros marítimos.

Sin embargo, tras el desastre de la plataforma petrolífera *Piper Alpha* que explotó en el mar del Norte causando la muerte de 167 personas en 1988 y del posterior informe de Lord Carver presentado en el Parlamento británico, la Marine Coast Guard Agency (MCA) propuso a la OMI una aproximación más científica a la seguridad marítima. Se partía de una perspectiva previa al siniestro y se aplicaba

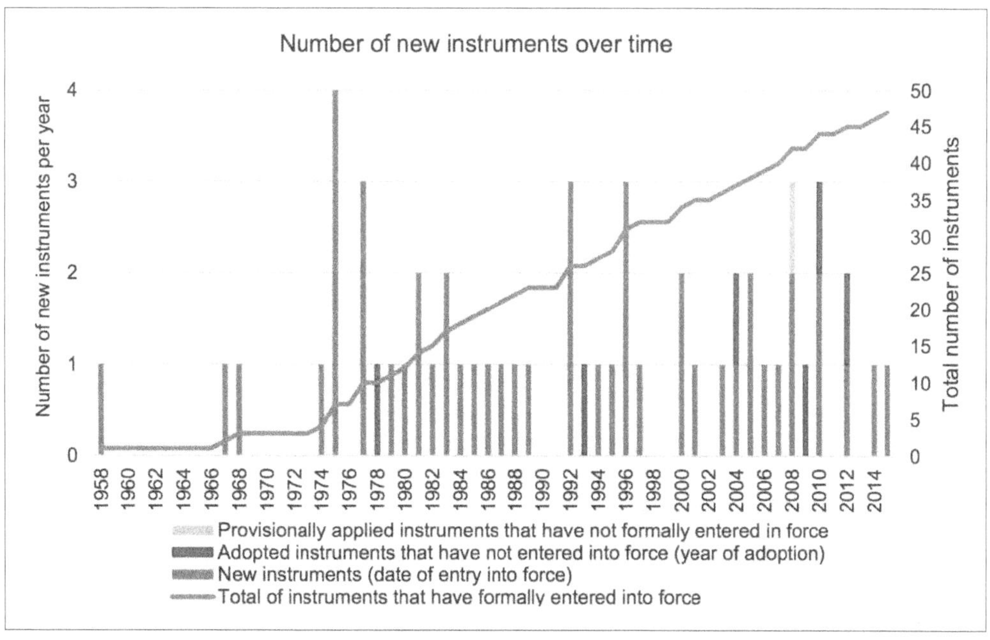

Fuente: OMI 2016. 2016. Status of Conventions: Summary of Status of Conventions

Figura 1.1. Número de instrumentos por año implementados para mejorar la seguridad marítima.

una mentalidad proactiva a la gestión de la seguridad marítima. Este planteamiento supuso una nueva cultura de la seguridad marítima, cuyo enfoque se situaba antes del siniestro y no después. Este enfoque ha dado lugar a un nuevo concepto: el de gestión proactiva de la seguridad marítima.

En la actualidad, el empleo de la evaluación formal de seguridad (EFS/FSA) por parte de la OMI en sus trabajos legislativos y en la producción de sus nuevas y numerosas regulaciones acreditan una mayor calidad y un incremento de los niveles de seguridad marítima y prevención de la contaminación.

En la figura 1.2 del Consejo Marítimo Internacional y del Báltico (Bimco) se puede observar la evolución del enfoque metodológico en el desarrollo de las regulaciones de seguridad marítima y el planteamiento actual centrado en el tratamiento del riesgo.

Aunque la mayor parte de las comisiones de investigación de los accidentes marítimos siguen utilizando los métodos secuenciales y epidemiológicos (*US Coast Guard*, MAIB, GNV-DNL, etc.), resulta ineludible transitar a modelos sistémicos: la automatización, la informática, la interdependencia del buque y su capitán con administraciones, la naviera y otros operadores (DPA) y gestores náuticos, y sobre todo la complejidad creciente de la relación hombre-máquina y su vinculación con

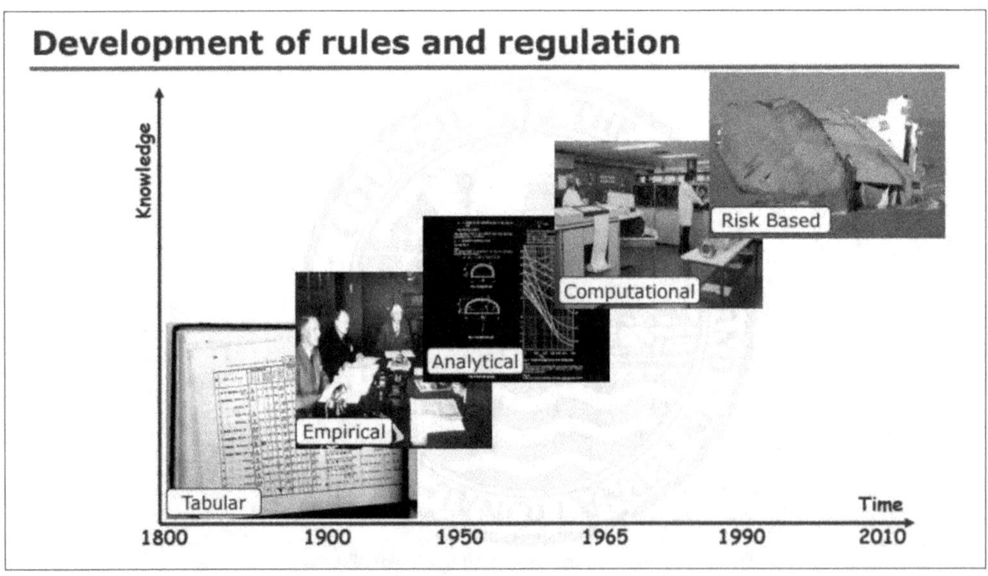

Fuente: Skovbakke Juhl, J. (2016) *Goal Based Standards – Ship Construction File: Industry Standards* (IS) [PowerPoint slides]. BIMCO.

Figura 1.2. Desarrollo de las regulaciones en seguridad.

los sistemas/procedimientos permiten pronosticar que en un futuro inmediato se emplearán metodologías sistémicas aunque sea simplemente para poder determinar la causa primaria del accidente.

Los modelos sistémicos, más implantados en la aviación, la industria, las plantas nucleares, etc., permiten analizar accidentes provocados por fenómenos emergentes a causa de las complejas interacciones no lineales entre los componentes del sistema. La potencial utilización de buques no tripulados, todavía en fase experimental, plantea de manera ineludible la adopción de modelos sistémicos.[2] En la figura 1.3 se pueden observar los diferentes métodos empleados en el tiempo.

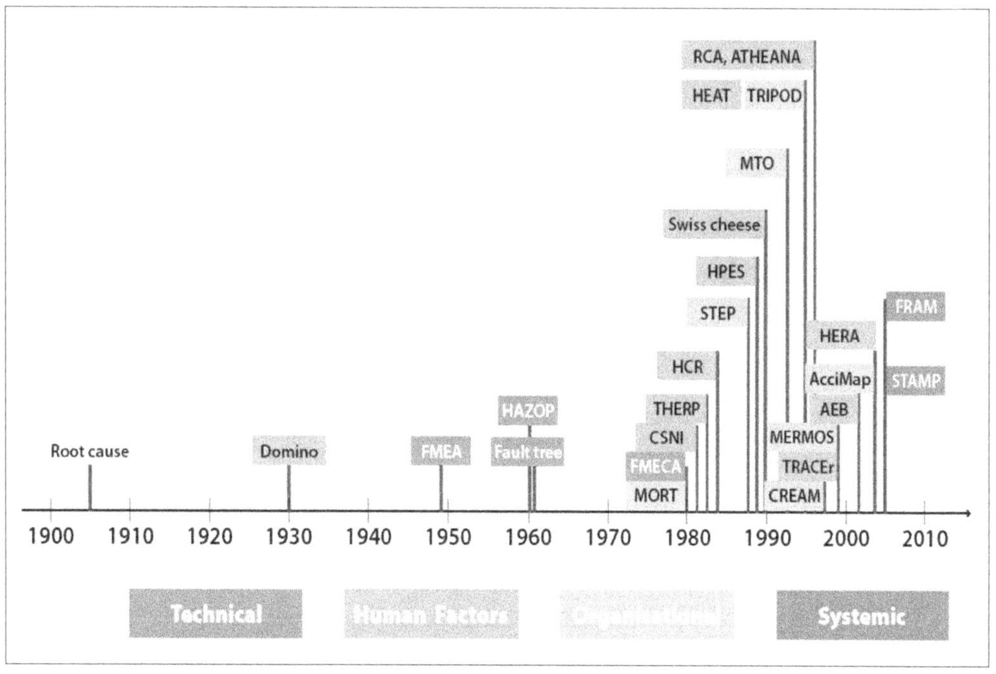

Fuente: A White Paper on Resilience Engineering for ATM, Eurocontrol.[3]

Figura 1.3. Métodos de análisis de accidentes y valoración de riesgos.

---

[2] Gary Peters, «Is 2017 the breakthrough year for unmanned vessels?», en http://www.ship-technology.com/features/featureis-2017-the-breakthrough-year-for-unmanned-vessels-5692723/; Michael F. Merlie, «Autonomous Ships: Regulations Left in Their Wake?», en https://maritime-executive.com/editorials/autonomous-ships-regulations-left-in-their-wake.

[3] Véase https://www.eurocontrol.int/sites/default/files/article/content/documents/nm/safety/safety-a-white-paper-resilience-engineering-for-atm.pdf.

En la complejidad de nuestra época, los modelos lineales secuenciales resultan obsoletos para comprender los accidentes marítimos, por lo menos en relación con la actividad de transporte o la ingeniería *off shore*. Particular importancia tiene desde la perspectiva humana la ingeniería de la resiliencia, uno de los campos con mayor potencialidad de futuro en los nuevos marcos sociotécnicos actuales.

La Universidad de Cambridge cree que la ingeniería de la resiliencia es un área estratégica y crítica en el futuro de la investigación de la ingeniería.[5] La resiliencia,

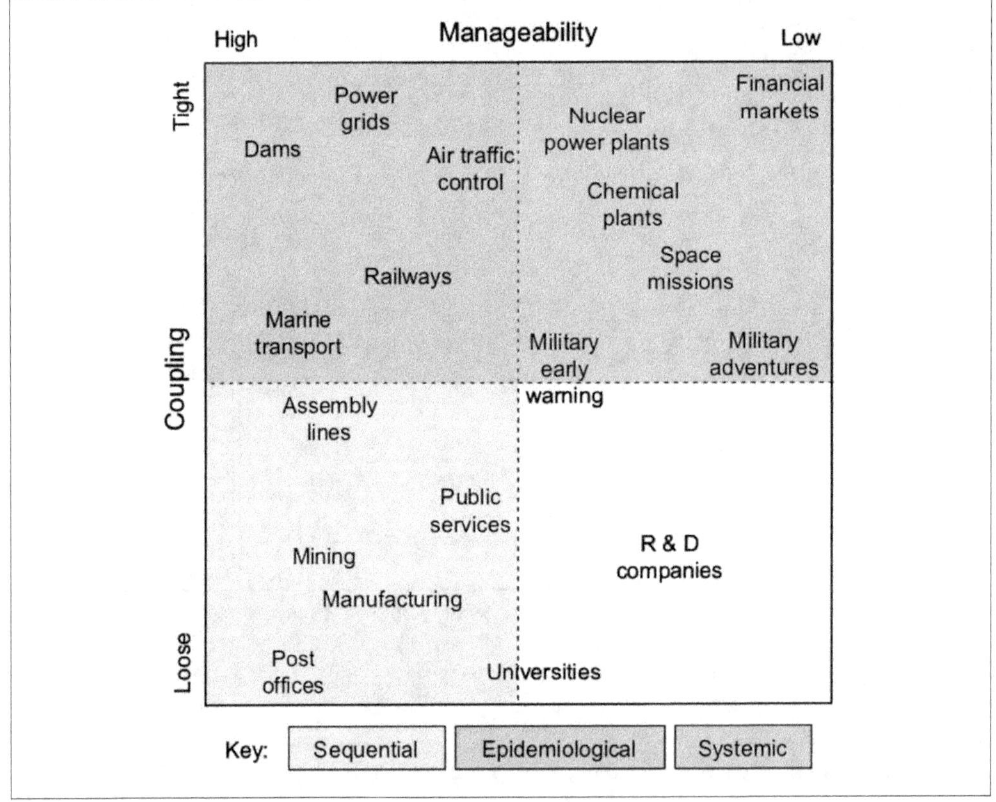

Fuente: Underwood y Waterson (2013), de una adaptación de Hollnagel (2008).[4]

Figura 1.4. Adecuación de las técnicas de análisis.

....

[4] Underwood y Waterson (2013), «Systemic accident analysis: examining the gap between research and practice», en https://www.ncbi.nlm.nih.gov/pubmed/23542136.

[5] Cambridge University: *Strategic Themes; Départment Engineering,* en http://www.eng.cam.ac.uk/research/strategic-themes-overview.

un término procedente de la física y en particular de la ingeniería que estudia los materiales, hace referencia a la capacidad de un elemento para volver a su estado original ante un golpe o el accionar de elementos externos. Con carácter general, la resiliencia es la capacidad de una persona, conjunto u organización para adaptarse, superar la adversidad y continuar su función. La ingeniería de la resiliencia aborda la necesidad de desarrollar sistemas que impidan activamente perder el control.

El futuro inmediato pasa por sistemas complejos, resilentes e inteligentes mediante el desarrollo de modelos, simulaciones y métodos analíticos para la comprensión de grandes sistemas complejos, que aseguran su resiliencia a través de enfoques nuevos de optimización, toma de decisiones e inteligencia artificial.

Los sistemas de seguridad industrial, tradicionalmente secuenciales, están transformándose en sistémicos (en el transporte, en la industria, etc.), y el futuro viene determinado por la llamada «ingeniería de la resilencia», que se caracteriza por el diseño de dispositivos y sistemas que impiden activamente la pérdida de control. El nuevo paradigma enfatiza además la adaptabilidad y la capacidad autónoma de recuperación de los sistemas.

Capítulo 2

Teoría de los accidentes: modelos secuenciales, epidemiológicos y sistémicos

La importancia de estos modelos teóricos, más allá de su valor conceptual, radica en la influencia que han tenido sobre las prácticas y la metodología de la investigación de accidentes marítimos. El valor comprensivo y las características de cada modelo van a determinar nuestra capacidad de identificar y controlar los peligros y, por lo tanto, de prevenir los accidentes. Sobre esa base, podemos distinguir tres tipos de análisis de los accidentes:[1]

- **Secuenciales:** explican las causas de los accidentes como el resultado de una cadena de eventos discretos que ocurren en un orden temporal en particular. En los modelos basados en eventos, los accidentes tienen una relación lineal y directa. Estos modelos solo describen causas lineales y es difícil incorporarles relaciones no lineales.

- **Epidemiológicos:** plantean que los eventos que originan un accidente aparecen de forma análoga a como se disemina una enfermedad, es decir, como el resultado de una combinación de factores, algunos manifiestos y otros latentes, que coinciden de forma conjunta en el espacio y el tiempo.

- **Sistémicos:** el accidente surge a partir de la variabilidad en el desempeño de un sistema cognitivo conjunto, como resultado de interacciones complejas y de una inesperada combinación de acciones.

---

[1] Véase, siguiendo a Hollnagel, Martínez Oropesa, C., «Enfoques de modelización de accidentes en sistemas socio técnicos complejos», *El hombre y la máquina*, núm. 37, julio-diciembre de 2011, (disponible en higieneyseguridaindustrial2012.wikispaces.com/.../Modelos+de+accident).

Una de las principales diferencias entre los modelos sistémicos y los de análisis secuenciales consiste en que los primeros describen un proceso de accidente mediante una red compleja e interconectada de acontecimientos, mientras que los segundos lo describen como una cadena simple de causas y efectos de eventos.[2]

Vamos a mostrar de manera esquemática las principales teorías sobre los accidentes que más incidencia han tenido en nuestro ámbito particular, clasificados según los tres modelos enunciados.[3]

1 Modelos secuenciales

1.1 La teoría del dominó

Según la teoría del «efecto dominó», desarrollada por Herbert William Heinrich[4] en 1931, un accidente se origina por una secuencia de hechos en la que cada uno actuaría sobre el siguiente de manera similar a como lo hacen las fichas de dominó, que van cayendo una sobre otra. Heinrich propuso una «secuencia de cinco factores en el accidente:

- Herencia y medio social.
- Acto inseguro.
- Fallo humano.
- Accidente.
- Lesión.

Heinrich estableció que del mismo modo en que la retirada de una ficha de dominó de la fila interrumpe la secuencia de caída, la eliminación de uno de los factores evitaría el accidente y el daño resultante. En este caso, la ficha cuya retirada es esencial para evitar el accidente sería la número 3.

Puso también el foco de atención en los «actos inseguros», en tanto previos al fallo humano y estableció, de acuerdo con su experiencia empírica, una regla ma-

---

[2] De referencia imprescindible, Hollnagel, E. y Speziali, J., «Study on developments in accident investigation methods: A survey of the state-of-the-art», SKI Report 2008:50, Ecole des Mines de Paris; Hollnagel, E., «Barriers and accident prevention», Aldershot: Ashgate Publishing Limited, 2004.

[3] Véase sobre esta cuestión una visión panorámica, Risto Jalonen, K. S. en «Safety performance indicators for maritime safety management», Helsinki University of Technology, Espoo, 2009.

[4] Véase Heinrich, H. W., *Industrial accident prevention: a scientific approach*, Ed. McGraw-Hill, 1941.

temática de proporcionalidad: por cada accidente grave con lesiones importantes hay 29 accidentes menores con lesiones leves y 300 accidentes menores sin lesiones. Sobre esta base se construye la teoría de los incidentes que veremos más adelante. Si bien Heinrich no ofreció inicialmente dato alguno en apoyo de su teoría, esta constituye un punto de partida útil para la discusión y una base inicial para futuras investigaciones.

1.2   El análisis del árbol de fallos

Desarrollado originalmente en 1962 en los Laboratorios Bell de HA Watson para evaluar la fiabilidad del misil Minuteman, el «árbol de fallos» constituye una técnica ampliamente utilizada en los análisis de riesgos debido a que proporciona resultados cualitativos y cuantitativos. Evalúa el riesgo siguiendo hacia atrás en el tiempo o en una cadena de eventos. Toma como premisa un peligro identificado y supone una investigación deductiva.

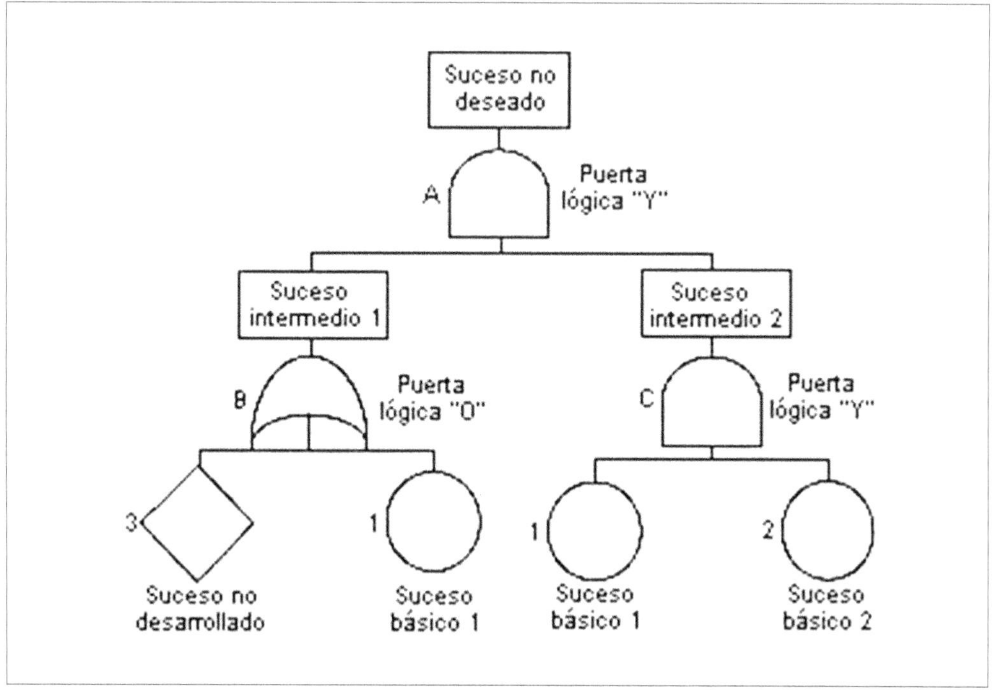

Fuente: http://www.siafa.com.ar/notas/nota125/arbol.htm.

Figura 2.1. Esquema de árbol de fallos.

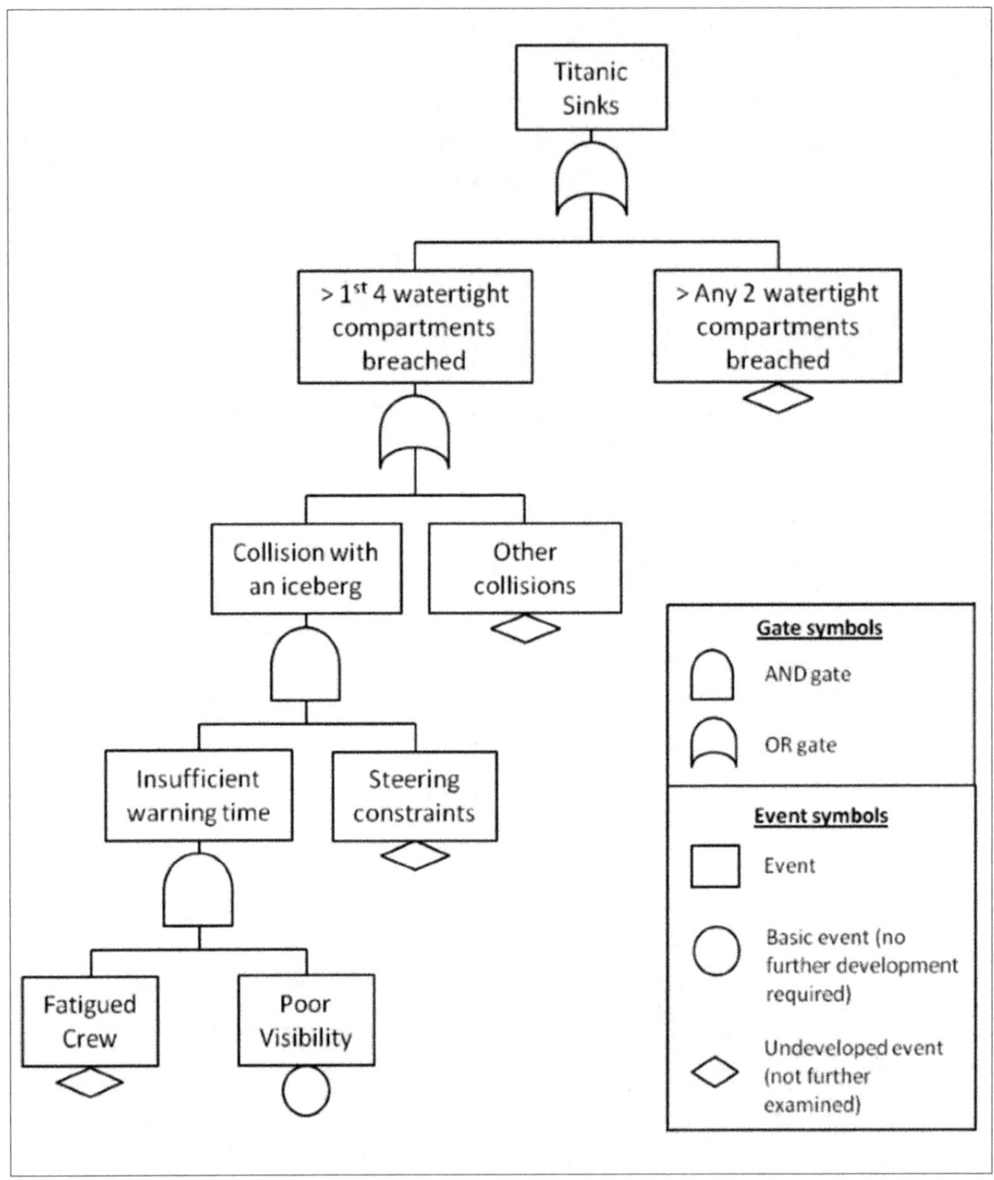

Fuente: Haga, Saleh y Pendley, 2013.[5]

Figura 2.2. El análisis del árbol de fallos aplicado al hundimiento del *Titanic*.

[5] Haga, R., Saleh, J., Pendley, C. (2013), «Reexamining the titanic with current accident analysis tool: Multidisciplinary education and system safety primer for engineering students», disponible en http://ieeexplore.ieee.org/abstract/document/6530235/

En este apartado solo se describe la aplicación cualitativa de la técnica,[6] que consiste en un proceso deductivo basado en las leyes del álgebra de Boole, que permiten determinar la expresión de sucesos complejos en función de los fallos básicos de los elementos que intervienen en él.[7] De esta manera, se puede apreciar cualitativamente qué sucesos son menos probables porque requieren la ocurrencia simultánea de numerosas causas. Se trata de descomponer sistemáticamente un suceso complejo, denominado suceso TOP, en sucesos intermedios hasta llegar a sucesos básicos.

1.3   El análisis del árbol de eventos

Un árbol de eventos muestra una secuencia de progresión, una secuencia de estados finales y unas dependencias específicas de secuencias a través del tiempo. El análisis de árbol de eventos es un proceso de evaluación lógica que trabaja siguiendo una línea temporal hacia adelante a través de una cadena causal de un modelo de riesgo. No requiere la premisa de un peligro conocido y es un proceso de investigación inductivo.

1.4   Modelo en pajarita

Este modelo se puede construir a partir de la combinación de un modelo de árbol de fallos y un árbol de eventos, por lo que integra los elementos y las opciones que afectan a la probabilidad/frecuencia de un accidente con su resultado. La figura 2.4

---

[6] Una variante es el análisis modal de fallos y efectos (AMFE), un procedimiento de análisis de fallos potenciales en un sistema de clasificación determinado por la gravedad o por el efecto de los fallos en el sistema. Es utilizado habitualmente por empresas de manufactura y de servicios en varias fases del ciclo de vida del producto. También se está empleando en la industria de servicios. Las causas de los fallos pueden ser cualquier error o defecto en los procesos o el diseño, especialmente aquellos que afectan a los consumidores. Los fallos pueden ser potenciales o reales. El término análisis de efectos hace referencia al estudio de las consecuencias de esos fallos. Este método no considera los errores humanos directamente, sino la correspondencia inmediata de la mala operación en la situación de un componente o sistema. En definitiva, el AMFE es un método cualitativo que permite relacionar de manera sistemática una relación de fallos posibles con sus consiguientes efectos y resulta de fácil aplicación para analizar cambios en el diseño o modificaciones en el proceso.

[7] El álgebra de Boole es una estructura algebraica que esquematiza operaciones lógicas. Se llama así en honor a George Boole, que fue el primero en definirla como un sistema lógico, se aplica de forma generalizada en el ámbito del diseño electrónico.

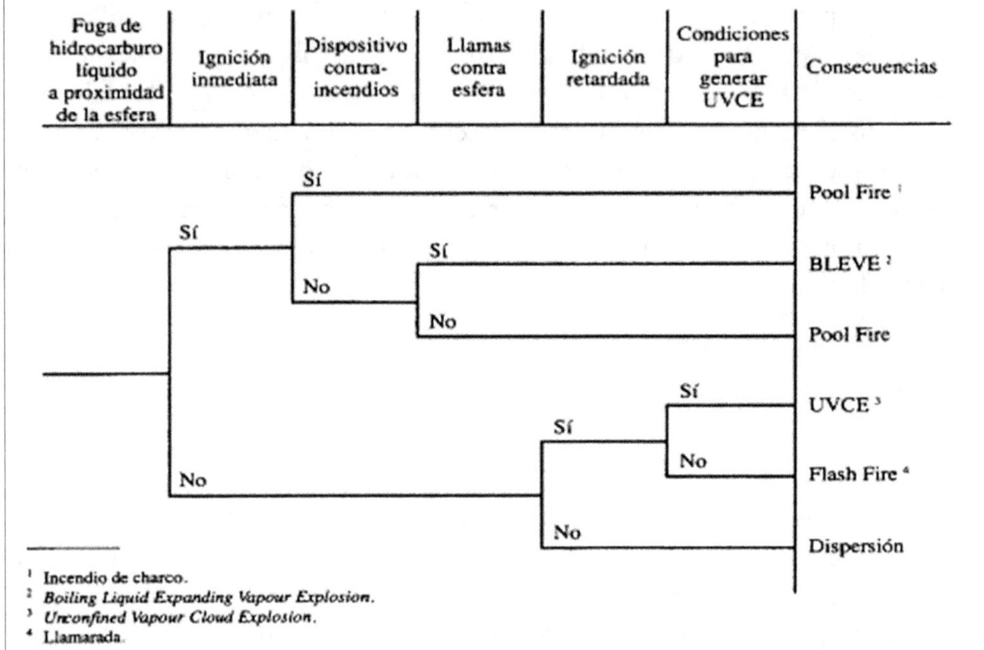

Fuente:http://www.proteccioncivil.es/catalogo/carpeta02/carpeta22/guiatec/Metodos_cuantitativos/cuant_252.htm.

Figura 2.3. Árbol de eventos.

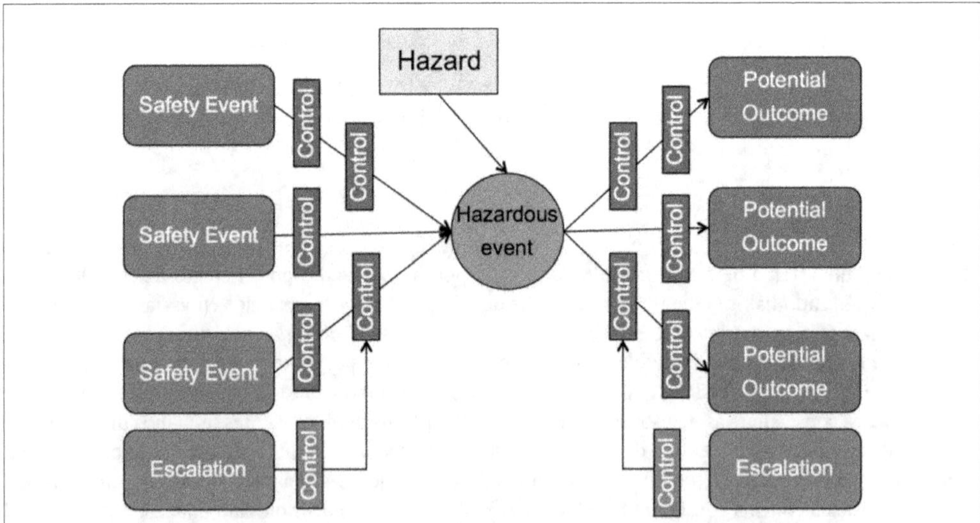

Fuente: www.atcvantage.com.

Figura 2.4. Modelo en pajarita.

muestra cómo un evento crítico puede tener varios precursores y varias consecuencias. Así, comprende los supuestos de causalidad múltiple y permite una mejor explicación gráfica.[8]

2   Modelos epidemiológicos: el modelo del queso suizo (del efecto cumulativo)

El modelo del queso suizo de causalidad de los accidentes se utiliza en el análisis y gestión de riesgos, en aviación, ingeniería, etc. Compara los sistemas humanos a varias rebanadas de queso suizo que se apilan. Fue propuesto originalmente por James T. Reason, de la Universidad de Manchester,[9] y goza de una amplia aceptación.

En el modelo de queso suizo, las defensas de una organización frente al accidente se modelan como una serie de barreras, representadas como rebanadas de queso. Los agujeros en las rebanadas representan debilidades en partes del sistema y varían

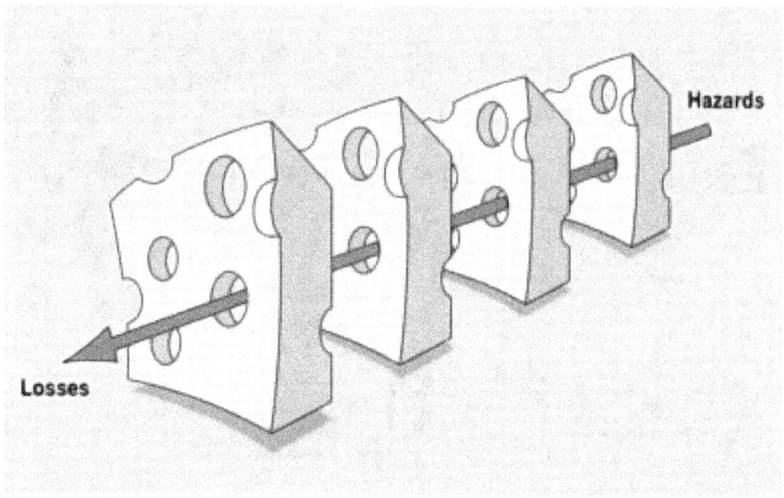

Fuente: Reason, J. T., «Human error: models and management».

Figura 2.5. Modelo del queso suizo.

---

[8] Véase sobre el particular la adopción del modelo Bowtie o en pajarita por una de las principales sociedades de clasificación, Germanisher Lloyd DNV-GL, en *Bowtie Technique for Hazard and Risk Management* (www.dnvba.com/my/training/Pages/Bowtie.aspx).

[9] Véase Reason, J. T. en «Human error: models and management», *British Medical Journal*, 2000, 320 (7237).

continuamente de tamaño y posición a través de los cortes. El sistema produce fallos cuando un agujero de cada rebanada se alinea momentáneamente, lo que permite (en palabras de Reason) «una trayectoria de oportunidad de accidente», de manera que un riesgo que pasa a través de los agujeros de todas las rebanadas conduce a un fallo y causa el accidente. El problema no es, pues, que aparezca un fallo en el sistema, sino que concurran varios a la vez. El accidente del Spanair 5022 no sucedió solo porque se sobrecalentase la sonda del medidor de temperatura, el mecánico quitase el fusible correspondiente, ese fusible alimentase un dispositivo de alarma, el piloto olvidase poner los flaps o la lista de comprobación no se completase. Cada uno de estos elementos por separado eran causas necesarias pero no suficientes, pero cuando se combinaron todos, ocurrió la tragedia.

Los «agujeros en el queso» pueden ser de dos tipos: fallos activos, que son los cometidos por personas en contacto directo con el sistema y que generalmente tie-

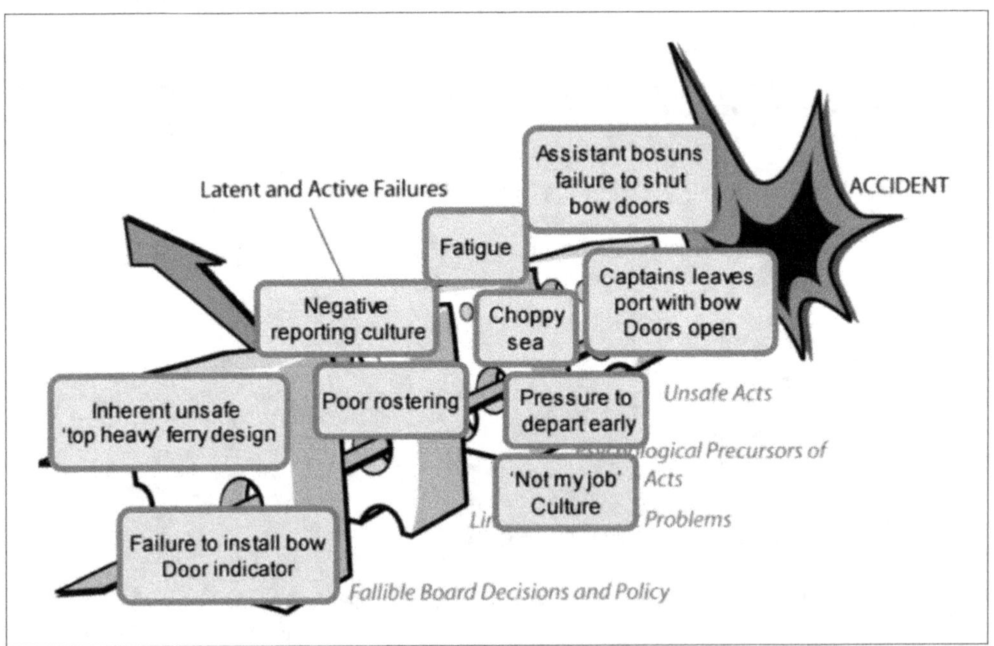

Fuente: Salmon, P. M., A Williamson, Mitsopoulos-Rubens, E., and Rudin-Brownd, C. M. «Systems-Based Accident Analysis in the Led Outdoor Activity Domain: Application and Evaluation of a Risj Management Framework».[10]

Figura 2.6. El modelo del queso suizo aplicado al *Herald Of Free Enterprise*.

....

[10] Disponible en https://www.ncbi.nlm.nih.gov/pubmed/20658387.

nen un impacto de duración muy breve; y condiciones latentes, que son problemas residentes en el sistema (generalmente ocultos), propios de su diseño.[11]

3 Modelos sistémicos

Frente a los modelos secuenciales, surgen los sistémicos, entre ellos el marco socio-técnico de Rassmusen, el STAMP *(Systems-Theoretic Accident Model and Processes)* y, desde la perspectiva del factor humano, el HFACS *(Human Factors Analysis and Classification System)*. Los modelos de análisis secuenciales y epidemiológicos de los accidentes no resultan aptos para entender las relaciones dinámicas y no lineales entre los componentes de los sistemas sociotécnicos complejos. Se necesitan nuevos modelos de análisis de accidentes, basados en la teoría de sistemas (modelos de análisis sistémico de accidentes), que describan el comportamiento del sistema en su conjunto, en lugar de interesarse en el nivel básico centrado en la relación lineal la causa-efecto. En los sistemas complejos modernos, los seres humanos interactúan con la tecnología para obtener resultados como consecuencia de su colaboración. Estos resultados no podrían ser alcanzados por cualquier persona o tecnología si funcionasen de manera aislada. Por otra parte, las técnicas de seguridad tradicionales para el análisis de riesgos, tales como el análisis de árbol de fallos o de eventos y probabilístico, no son suficientes para explicar la complejidad de los sistemas sociotécnicos modernos, incluso para entender la propia causalidad de los accidentes. En los modelos sistémicos se considera que el accidente surge de las interacciones entre los componentes del sistema y no se derivan de una única causa. Por lo tanto, en el nuevo modelo, el foco se pone en las limitaciones, los faltas de control y demás disfunciones del sistema o de sus procesos. Bajo los modelos sistémicos, los accidentes son el resultado de un inadecuado control o de una falta del mismo.

3.1 *Marco sociotécnico de Rasmussen: el modelo AcciMap*

La complejidad y los avances de la tecnología han dado lugar al desarrollo de sistemas para evaluar los riesgos desde el punto de vista sociotécnico, característicos de las organizaciones complejas que operan en entornos dinámicos. Estos factores han

---

[11] Véase Reason, J. T., Hollnagel, E., Paries, J. (2006), en «Revisiting the «Swiss cheese» model of accidents», EEC Note n.º 13/06, Brétigny-sur-Orge (Francia). Eurocontrol.

transformado el carácter dinámico de nuestra sociedad, pero todavía el comportamiento humano es parte esencial del funcionamiento de los sistemas. En entornos dinámicos y complejos no es posible establecer procedimientos para todas las condiciones y los requerimientos posibles, en particular, en el caso de sucesos de alto riesgo y situaciones de gran imprevisibilidad.

El enfoque fue desarrollado originalmente por Jens Rasmussen como parte de una iniciativa de estrategia de gestión de riesgos, pero su principal aplicación ha sido como instrumento de análisis de accidentes, específicamente de las causas de los accidentes e incidentes que se producen en los complejos sistemas sociotécnicos.[12]

Este modelo es una evolución del marco de gestión del riesgo de Rasmussen (1997)[13] para describir los diferentes niveles del sistema. Se centra en la influencia del control en cada uno de los niveles que intervienen en la seguridad a través del control de los procesos peligrosos mediante las leyes, las reglas y las instrucciones.

Para que un sistema pueda considerarse seguro, se debe aplicar la integración de comunicación vertical. Las decisiones de seguridad deben tomarse en los niveles más elevados y transmitirse hacia abajo de modo que se reflejen en las decisiones y en los actos de los niveles inferiores. De la misma forma, los participantes de los niveles inferiores deben transmitir constantemente hacia arriba la información sobre las decisiones y las acciones que han tomado para que lleguen a los niveles superiores y se puedan adoptar las decisiones pertinentes. Esto es lo que se llama integración vertical.

Según P. Underwood y P. Waterson, «los accidentes están esperando a ser liberados en los sistemas rutinarios donde hay varios participantes trabajando conjuntamente. Las variaciones en los comportamientos son el detonante para liberarlos».[14]

La principal ventaja de AcciMap es que permite clarificar la naturaleza de las cadenas que llevan al accidente y que muestra cómo eventos o condiciones remotas pueden ser esenciales para provocar un accidente.[15]

Los resultados del análisis se representan gráficamente: los factores con recuadros, y las influencias causales, con flechas o líneas. Los factores están agrupados en niveles dependiendo de la categoría bajo la que ocurren.

---

[12] Véase Rasmussen, J. (1997), «Risk management in a dynamic society: A modeling problem», *Safety Science*, 27 (2-3).

[13] En «Risk Management in a Dynamic Society: A Modelling Problem», Jens Rasmussen introduce el concepto de situaciones de peligro por la interacción de componentes y niveles en un sistema.

[14] Underwood, P., Waterson, P. (2012), «A Critical Review of the STAMP, FRAM and Accimap Systemic Accident Analysis Models», *Advances in Human Aspects of Road and Rail Transportation*.

[15] Hopkins, A. (2000), «An AcciMap of the Esso Australia Gas Plant Explosion».

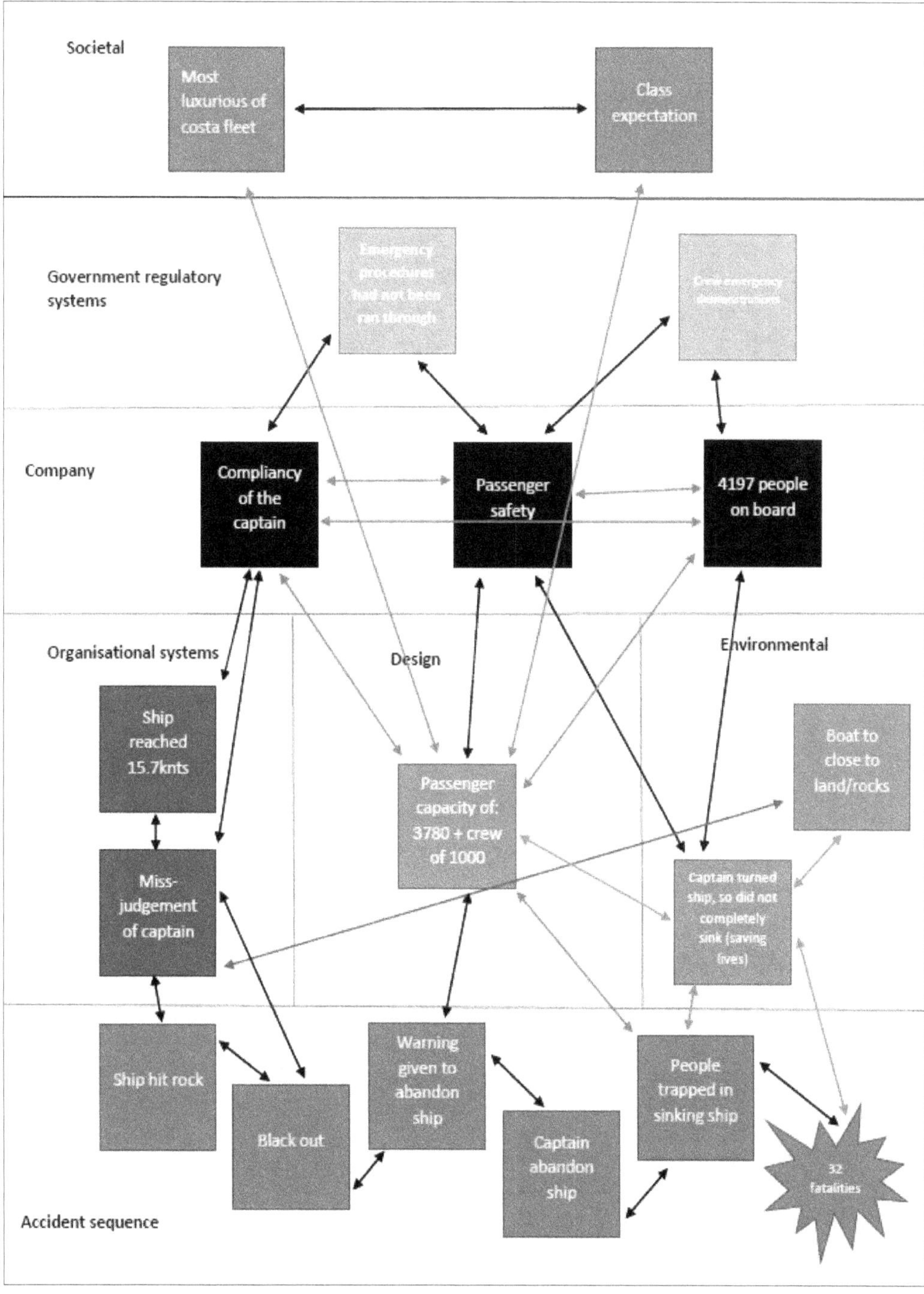

Fuente: https://jessdow93.wordpress.com/.

Figura 2.7. AcciMap del accidente del buque *Costa Concordia.*

El enfoque AcciMap implica la construcción de un diagrama causal de múltiples niveles en el que las diversas causas de un accidente están dispuestas de acuerdo a su lejanía causal del resultado (representado en la parte inferior del diagrama). Las causas más inmediatas se muestran en las secciones inferiores, las más remotas, en niveles cada vez más elevados, lo que permite modelar la gama completa de los factores que contribuyó al evento.

El formato exacto del diagrama varía en función de la finalidad del análisis, pero los niveles más bajos suelen representar los precursores inmediatos al suceso, relacionados con la actividad de los trabajadores y los eventos físicos, procesos y condiciones que contribuyeron al resultado. Los siguientes niveles suelen representar los factores relacionados con la organización de la empresa. Los niveles más altos generalmente incorporan factores causales relacionados con el gobierno o la sociedad, que son externos a la organización u organizaciones que participan en el suceso. La compilación de los múltiples factores y sus interrelaciones, dispuestos en un único diagrama, permite a los analistas entender cómo y por qué se produjo el evento, e identifica las áreas problemáticas han de abordarse para mejorar la seguridad del sistema. Un aspecto muy positivo del AcciMap es su carácter didáctico, ya que permite visualizar de forma sencilla las causas, las concausas y las relaciones previas dentro del sistema y subsistema.

3.2 *Sistema de análisis y clasificación de factores humanos (HFACS)*

El sistema de análisis y clasificación de factores humanos *(Human Factors Analysis and Classification System* o HFACS)* identifica las causas humanas de un accidente y proporciona un instrumento muy útil para la investigación y para la formación y prevención. Fue desarrollado por Douglas A. Wiegmann y Scott A. Shappell, del Instituto de Medicina de Aviación y de la Universidad de Illinois,[16] en respuesta a una tendencia que consideraba el error humano un factor causal primario en el 80 % de los accidentes aéreos en la Infantería de Marina y la Marina de Estados Unidos.

El HFACS se basa en el modelo del «queso suizo» de Reason sobre el error humano y plantea cuatro niveles de errores activos y fallos latentes:

- Los actos inseguros.
- Las condiciones previas para que se den los actos inseguros.

---

[16] Wiegmann, D. A., Shappell, S. A. (2003), *A human error approach to aviation accident analysis: The human factors analysis and classification system. Burlington,* VT, Ashgate Publishing, Ltd.

– Una supervisión insegura o inadecuada.
– Las influencias de la organización.

- **Los actos inseguros**
  Los actos inseguros se pueden clasificar en errores e infracciones. Los errores son comportamientos involuntarios que interfieren en el desarrollo normal de una actividad e impiden alcanzar los objetivos marcados. Las infracciones, por el contrario, son incumplimientos deliberados que perjudican en mayor o menor medida un sistema. Los errores se clasifican en tres subcategorías:

  – Los errores de decisión son los que ocurren cuando los comportamientos o las acciones de los operadores son inadecuados para alcanzar los objetivos deseados provocando situaciones inseguras.
  – Los errores basados en habilidades se producen durante las tareas rutinarias de un operador, relacionadas con el procedimiento, el entrenamiento y las competencias. Un ejemplo claro sería un fallo en las comprobaciones de seguridad.
  – Los errores de precepción se producen cuando el operador recibe un *feedback* inadecuado y toma una decisión basada en una información incorrecta.

  Las infracciones se dividen en dos subcategorías:

  – Las infracciones rutinarias son cometidas habitualmente por el operador y toleradas por las autoridades.
  – Las infracciones excepcionales, aisladas y muy atípicas, no son toleradas ni por el operario ni por las autoridades.

  Un ejemplo claro para describir las infracciones en la seguridad es el límite de velocidad de las carreteras. En una vía limitada a 80 km/h circular a 90 km/h es una infracción rutinaria y frecuente mientras que hacerlo a 150 km/h se consideraría una infracción excepcional y grave.

- **Las condiciones previas para que se den los actos inseguros**
  Entre las precondiciones necesarias para que un acto sea inseguro están los factores ambientales, la condición de los operadores y los factores de personal. Los actos inseguros están relacionados con la gran mayoría de accidentes pero centrarse únicamente en ellos sería quedarse con la punta del iceberg sin tener en cuenta toda su parte sumergida. Hay que estudiar en profundidad por

qué ocurren los actos inseguros clasificándolos en dos categorías: condiciones y practicas deficientes del operador. Entre las condiciones deficientes de los operadores están:

- Los factores mentales adversos son aquellas condiciones mentales que afectan al desarrollo de las actividades del operador. Las principales son pérdida conciencia, distracción, fatiga mental y actitudes como el exceso de confianza, la complacencia o la falta de motivación.
- Los estados psicológicos adversos incluyen todas aquellas condiciones médicas o psicológicas que afectan al operador del sistema. Algunos ejemplos son las enfermedades mentales, las ilusiones ópticas o la fatiga mental.
- Las limitaciones físicas/mentales se refieren a aquellos momentos en los que las características del sistema exceden las capacidades individuales del operador, como el tiempo insuficiente de reacción, incapacitación psicológica o fatiga.

Las prácticas deficientes del operador comprenden:

- La mala gestión de los recursos del equipo es habitualmente una de las principales razones para que se den situaciones inseguras. Es importante tener una política adecuada para proporcionar recursos que tengan en cuenta la seguridad y la producción. Para conseguirlo es necesaria una buena comunicación del equipo para detectar los requerimientos del sistema.
- Los fallos debidos a la preparación de los operarios ocurren cuando los operadores no llegan a estar preparados física o mentalmente para desarrollar una actividad. Algunos ejemplos son el incumplimiento de los descansos, los excesos de entrenamiento físico o la automedicación.

- **Una supervisión insegura o inadecuada**
  Este nivel afecta a la cadena del mando, desde el operador hasta las altas esferas. Comprende la supervisión inadecuada, los planes de operación inapropiados, los fallos para corregir un error conocido y las infracciones en la supervisión:

  - La supervisión inadecuada se produce cuando el supervisor no es capaz de dar a sus subordinados la oportunidad de progresar y cumplir objetivos. Para evitar este problema, debe guiar a los operadores, entrenarlos, liderarlos y motivarlos. Ejemplos de supervisión inadecuada son la falta de orientación, la falta de una doctrina de operación, la comunicación contradictoria o no promover la enseñanza entre los subordinados.

– Los problemas relacionados con los planes de operaciones inadecuados se dan habitualmente porque se aplican en un momento inadecuado, o demasiado pronto o demasiado tarde.

– El fallo en la corrección de un problema conocido hace referencia a todas aquellas situaciones en las que las deficiencias de los operadores, de equipamiento, de entrenamiento o de cualquier otro tipo de elemento relacionado con la seguridad son conocidas y permitidas por los supervisores. Ejemplos de ello son no corregir la documentación o no informar de tendencias inseguras.

– Las infracciones cometidas por los supervisores son los incumplimientos deliberados de las reglas y las regulaciones. Ejemplos de ello son la autorización innecesaria de peligros o el no potenciar lo suficiente reglas y regulaciones.

- **Las influencias de la organización**
Incluyen todos aquellos factores que influyen en la gestión y en la supervisión del sistema. Habitualmente estos errores suelen pasar desapercibidos por un erróneo enfoque del accidente o del estudio de la seguridad de un sistema. Comprende tres principales categorías: fuentes de gestión, clima organizativo y proceso de organización. Se trata de una comprensión integral del error humano y define diecinueve categorías causales dentro de los cuatro niveles de fracaso humano enunciados. El HFACS facilita la identificación fiable y el análisis de los errores humanos en los sistemas complejos, de alto riesgo, como la aviación, la asistencia sanitaria y las industrias de energía nuclear. Su marco aborda exhaustivamente los numerosos fallos activos y latentes que influyen en el rendimiento del operador y provocan el error. Supone un modelo evolucionado de la teoría del «queso suizo» y permite a los profesionales de la seguridad identificar todos los factores que influyen en las causas de los errores humanos en entornos complejos. Es novedoso el tratamiento de los aspectos organizativos, que se estructuran sobre tres factores:

– La gestión de recursos se relaciona con la toma de decisiones a nivel de organización en relación con la asignación y el mantenimiento de los activos de la organización (recursos humanos, presupuesto, equipo, instalaciones, etc.).

– El clima organizacional se refiere al ambiente de trabajo dentro de la organización (la estructura, las políticas, la cultura, etc.).

– El proceso operativo concierne a las decisiones organizativas y a las reglas que rigen las actividades cotidianas dentro de una organización (operaciones, procedimientos de supervisión y control, etc.).

Este sistema, que representa la aproximación más completa al factor humano y su conexión con los aspectos organizacionales, se utiliza también en el ámbito marítimo.[17]

3.3 *Proceso y modelo teórico-sistémico del accidente (STAMP)*

Uno de los avances en el análisis de un modelo de accidentes es la referencia a la teoría de los sistemas. Basado en este enfoque, se ha desarrollado el STAMP *(systems-theoretic accident model and processes)*, formulado por Nancy G. Leveson en su obra de referencia *Engineering a Safer World. Systems Thinking Applied to Safety.*[18]

Este enfoque considera que el accidente surge de las interacciones entre los componentes del sistema y no se deriva de una única causa. Si no se pudo impedir el accidente, en los análisis de seguridad el reto es averiguar qué salió mal en la operativa de los sistemas o el desarrollo de los procesos. Como señala de manera sumamente ilustrativa Levenson: «Entender por qué ocurre un accidente pasa por entender por qué el control fue inefectivo»… «El operador es un síntoma y no una causa del mal control del sistema».

Se trata de uno de los modelos sistémicos más importantes y con más proyección en la actualidad. Considera que los accidentes son producto de un fallo de control debido a una falta de restricciones de seguridad en sistemas social y tecnológicamente complejos.

Por lo tanto, en este modelo, el foco se pone en las limitaciones, la falta de control y demás disfunciones del sistema o de sus procesos. Con mucho, es el modelo más sofisticado y está muy vinculado a la aviación estadounidense, donde la ingeniería de sistemas y procesos está muy desarrollada. Aunque esta se encuentre mucho menos desarrollada en el ámbito marítimo, sin duda marcará las pautas en el futuro.

El STAMP describe los sistemas como una estructura de control jerárquica basada en mecanismos realimentados con información procedente de niveles inferiores.

----

[17] Véase Griggs Forrest, J., en «A Human Factors Analysis and Classification System (HFACS) Examination of Commercial Vessel Accidents» (disponible en: http://hdl.handle.net/10945/17373).

[18] Véase Levenson, N. G., en *Engineering a Safer World; Systems Thinking Applied to Safety*, Ed. MIT Press 2012. Leveson, N. G., en «A New Accident Model for Engineering Safer Systems», Safety Science (2004), 42 (4), pp. 237-270. La primera formulación de STAMP la realizó en este artículo de 2004, que cuenta con más de 757 citas: «A New Accident Model for Engineering Safer Systems» (sunnyday.mit.edu/accidents/safetyscience-single.pd). La autora, profesora de astronáutica en el MIT, ha trabajado para Boeing, NASA, etc., y dispone de una web personal (sunnyday.mit.edu/).

Se propone entender cómo un control inadecuado de la seguridad de un sistema, a nivel operacional, de gestión y de diseño, provoca un accidente.

Los fallos en los componentes, las alteraciones externas o las interacciones disfuncionales que provocan un accidente no son gestionados correctamente por el sistema de control debido a que no se aplican adecuadamente las restricciones de seguridad en la operación, diseño o desarrollo del sistema. El objetivo de la estructura de control es potenciar las restricciones de seguridad en el desarrollo y la operación del sistema para explotarlo sin peligro. Para prevenir accidentes futuros en un sistema

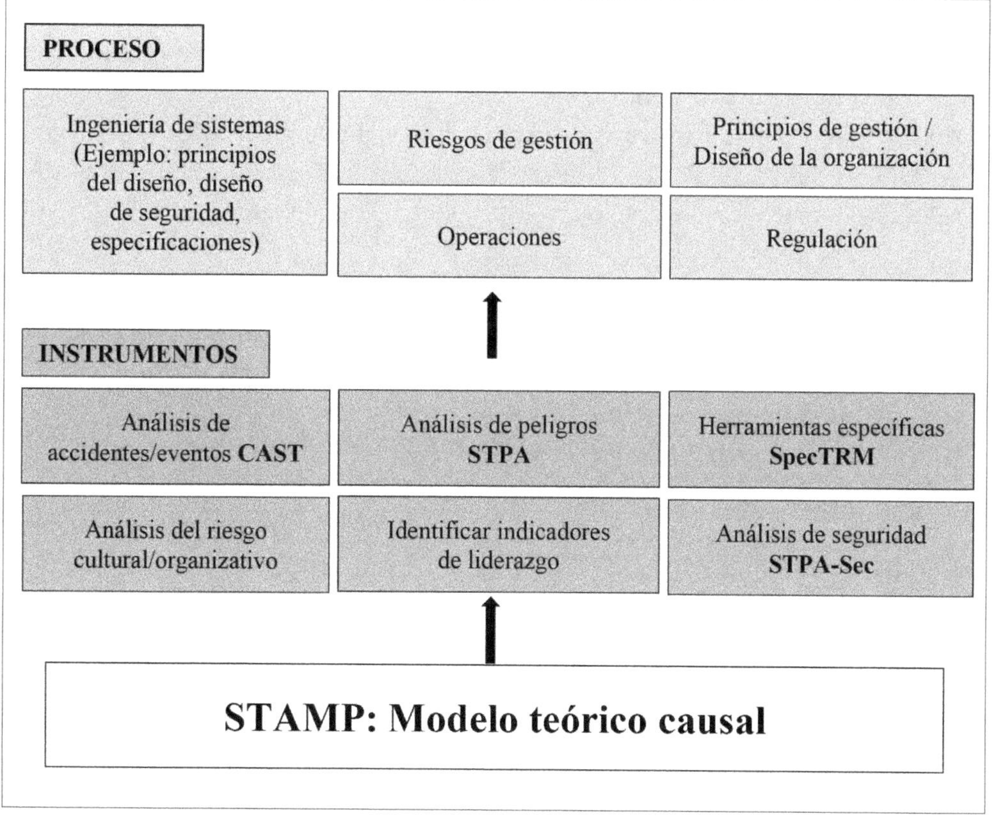

Fuente: Ponisio B. (2017) «Modelos Sistémicos»[19]

Figura 2.8. Aplicación del proceso y modelo teórico-sistémico del accidente (STAMP).

[19] Ponisio, B., en «Modelos sistémicos en la seguridad marítima», dirigido por el autor (disponible en: https://upcommons.upc.edu/handle/2117/111879).

es necesario diseñar una estructura de control que mantenga las restricciones de seguridad y permita reducir costes introduciendo las consignas de seguridad en las fases iniciales.

Dado que los accidentes son producidos por fallos de control dinámico, el STAMP estudia el sistema socio-tecnológico en su conjunto para tener en cuenta las interacciones entre los componentes, los errores humanos y los errores de diseño. El modelo ve el sistema como un conjunto de componentes interrelacionados y mantenidos en equilibrio dinámico por un control realimentado con información interna.

Los accidentes se producen como consecuencia de un control inadecuado o una falta de exigencia de las variables de seguridad durante el diseño, el desarrollo o la operación de los sistemas. Por lo tanto, el fallo se puede resolver insertando en el sistema una estructura de control

El STAMP no es un instrumento sino un modelo para investigar, esclarecer y prevenir los accidentes. Por ello, utiliza diversas técnicas, especialmente el STPA y el CAST.

- El *system-theoretic process analysis* (STPA), integrado en el modelo STAMP, permite estudiar y analizar los peligros inmanentes en un conjunto basándose en la teoría de sistemas y se aplica principalmente en las fases de diseño y construcción de un sistema.
- El *causal analysis based on STAMP* (CAST), el instrumento principal del modelo, permite analizar las causas que han provocado un accidente con el objetivo último el generar recomendaciones de seguridad para sistemas futuros.

- **El control dinámico y las restricciones de seguridad**
  El control es el mecanismo creado para verificar que los estados de un sistema están de acuerdo con los objetivos marcados y tiene como objetivo evitar irregularidades y corregir aquello que frena la productividad y la eficiencia del sistema. Existen controles pasivos o activos:

  - Los controles pasivos son aquellos capaces de mantener la seguridad con su mera presencia, como por ejemplo, arneses de seguridad, barreras u otros mecanismos.
  - Los controles activos son aquellos que requieren una o varias acciones para mantener la seguridad del sistema.

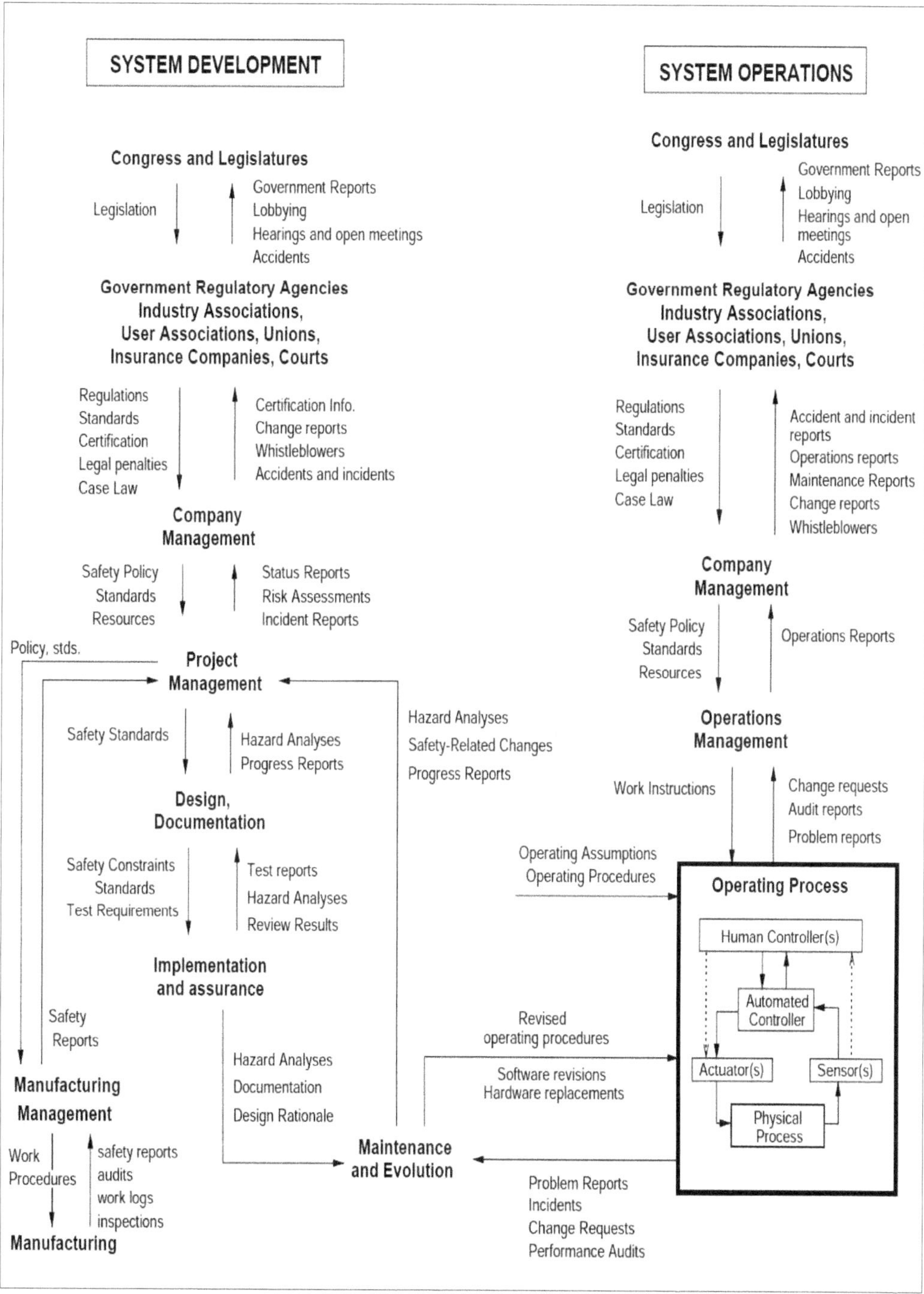

Fuente: Leveson, N. G. (2011), «Engineering a Safer World: Systems Thinking Applied to Safety».

Figura 2.9. Estructura de control de seguridad de un sistema.

Las etapas que ha seguir cualquier sistema activo son:

– Detectar el evento o la situación peligrosa.
– Evaluar las variables.
– Interpretar las mediciones y elaborar un diagnóstico.
– Elaborar un mecanismo de respuesta con las medidas adecuadas antes de que se produzca el fallo.

Los controles activos presentan una serie de ventajas frente a los pasivos: son más funcionales y más flexibles en el diseño, y tienen la posibilidad de operar a larga distancia y en menor tiempo. Pero estas ventajas se consiguen a costa de incrementar las probabilidades de fallo en la fase de diseño. La mayoría de accidentes suelen ocurrir por una mala comunicación entre el operador y el proceso. Por ejemplo, en el accidente que se produjo en planta nuclear de *Three Mile Island* el 28 de marzo de 1979, uno de los peores accidentes nucleares de la historia de Estados Unidos, el operador recibía una señal de que la válvula de refrigeración se encontraba abierta cuando en realidad no lo estaba. Y en el caso del ferry *Herald Free Enterprise* que salió del puerto belga de Zeebrugge con las compuertas de proa abiertas, volcando y provocando la muerte de 193 personas el 6 de marzo de 1987, el capitán creía que estaban cerradas cuando en realidad no era así.

Los accidentes generalmente se producen cuando el modelo de proceso utilizado por el controlador, automático o humano, no se corresponde con el proceso. Se dan sobre todo por la interacción de componentes o la combinación de una tecnología muy compleja y un error humano. Como resultado de ello los comandos de control pueden ser inseguros o incorrectos, activarse en el momento equivocado, no ofrecer las acciones de control de seguridad o pararse el control en el momento menos indicado.

Según el STAMP, la seguridad se basa en un problema de control dinámico y disminuye cuando los componentes del sistema interactúan en entornos muy amplios y complejos. Los accidentes se producen cuando la relación entre componentes incumple unas restricciones de seguridad relacionadas con el comportamiento del sistema. Por lo tanto, el modelo utiliza restricciones para controlar el comportamiento del sistema entendiéndolo como un conjunto y asegurando el cumplimiento de las restricciones de seguridad. Para mantener la seguridad a través del control, es necesario identificar las restricciones de seguridad y diseñar adecuadamente los controles para mantenerlas:

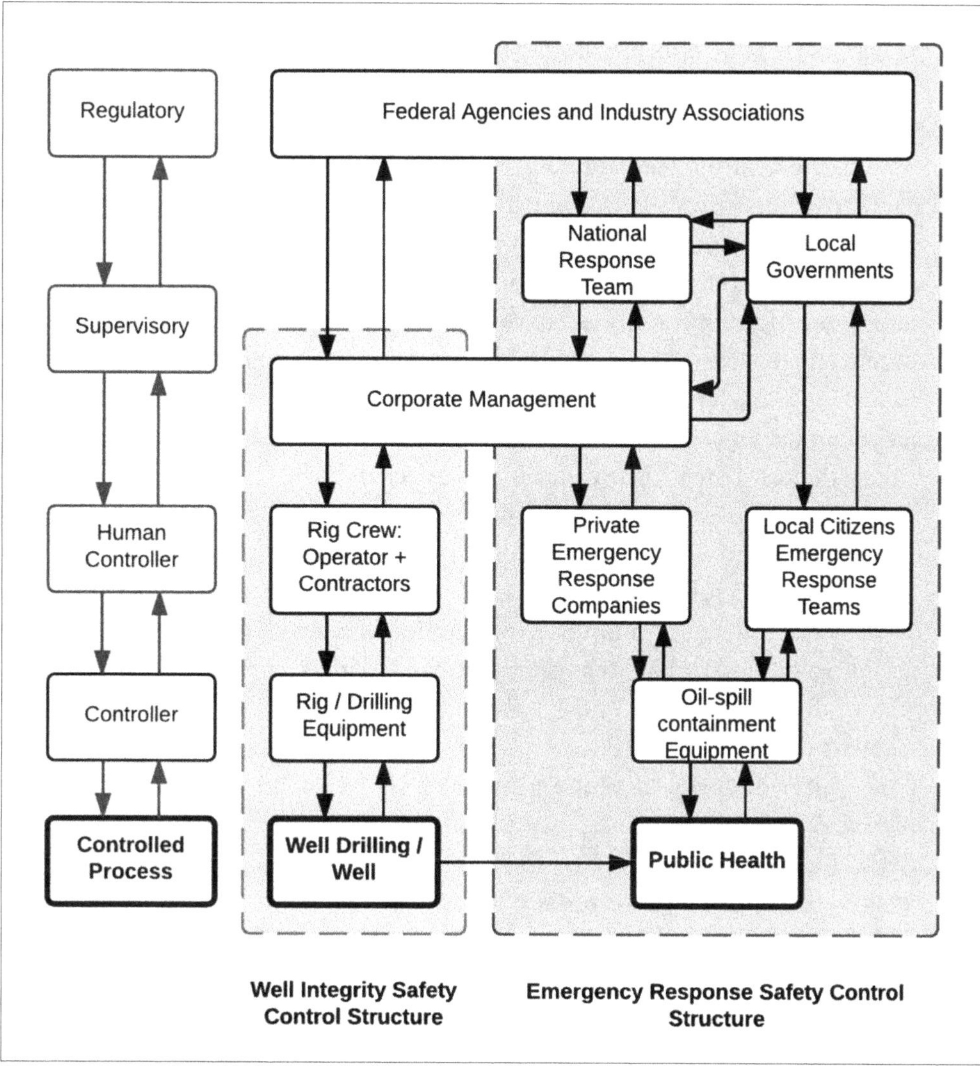

Fuente: Kwon, Y. (2016), en System Theoretic Safety Analysis of the Sewol Ferry Accident in South Korea; Massachusetts Institute of Technology.

Figura 2.10. Análisis STAMP Naufragio SEWOL.

– Ejemplos facticos de restricciones de seguridad: las compuertas estancas automáticas de un buque no puedan abrirse en caso de vía de agua; el motor de un ascensor nunca puede activarse cuando la puerta esté abierta; un avión siempre tiene que mantener la altitud de seguridad; un buque debe evitar siempre navegar en rumbo de colisión.

– Ejemplos de problemas de control dinámico: mal control de la presión en el pozo de la plataforma petrolífera *Deepwater Horizon;* control inadecuado del sistema de aterrizaje del cohete sonda *Mars Polar Lander.*

Para prevenir los accidentes, entendidos como un problema de control dinámico, se identifican la o las restricciones de seguridad y se aplican adecuadamente a la estructura de control. Esta estructura de control debe regular el comportamiento del sistema en todas las fases. Para ello el STAMP propone actuar no solo durante la fase de diseño sino también durante la operación y la gestión, regulando las interacciones sociales, tecnológicas y de gestión. El control de los sistemas está basado en un modelo de proceso que determina las acciones que deben realizar en todo momento los controladores. Muchas veces los accidentes tienen lugar cuando se dan acciones de control peligrosas y los modelos se vuelven incorrectos. Las cuatro acciones de control peligrosas más comunes son: no se proporcionan los comandos de control necesarios para la seguridad; la acción o acciones de control necesarias para la seguridad no se dan o no se siguen; se proporcionan acciones de control inseguras; las acciones de control se desarrollan demasiado pronto o demasiado tarde.

- **Análisis de peligros: STPA**
  Para aplicar de forma práctica el modelo STAMP se utilizan dos principales instrumentos: STPA y CAST que permiten identificar los peligros y las causas del accidente, respectivamente. El STPA *(system-theoretic process analysis)* es un análisis de procesos que estudia e identifica los peligros asociados al control en los sistemas complejos actuales. Esta técnica analiza los peligros actuales, incluso los debidos a errores de diseño, defectos del *software,* interacción de componentes, errores cognitivos y factores sociales, organizativos y de gestión. El STPA puede utilizarse en las fases prematuras de creación de un sistema para potenciar sus ventajas y servir como guía de seguridad. Esto permite diseñar la seguridad en el sistema desde las fases más tempranas para incrementar notablemente su eficacia y reducir drásticamente los costes. Sin duda esta técnica pueda aplicarse a diseños existentes pero el coste de modificar un sistema una vez ya creado es mucho mayor que el de aplicarlo a las fases tempranas de diseño. Las dos principales etapas de STPA son:

  – Identificar los factores de control inadecuados que pueden inducir a estados peligrosos. Esto sentará las bases para definir una estructura de control con todos los componentes del sistema y sus interacciones.

– Determinar por qué pueden ocurrir las acciones de control peligrosas mencionadas en el apartado anterior. Para ello hay que empezar por identificar las causas que aumentan el riesgo estudiando la comunicación entre las diferentes partes del sistema. También hay que diseñar controles y tomar medidas, si no existen, e identificar conflictos y problemas de coordinación en controles múltiples.

Los controles pueden deteriorase con el tiempo por lo que se deben tomar medidas adecuadas para protegerlos gestionando los procedimientos y especialmente asegurarse de que las restricciones de seguridad no se ven alteradas. Se deben realizar auditorías guiadas por el análisis de peligros para que las infracciones de seguridad puedan ser detectadas lo antes posible. Por último, se deben hacer análisis de accidentes e incidentes para rastrear anomalías en el diseño del sistema. El STPA es muy útil para estudiar la seguridad en sistemas complejos donde intervienen muchas partes con diferentes intereses. Para que esta herramienta sea efectiva durante la fase de diseño guiado hay que conocer bien el desarrollo de análisis, las herramientas de integración, la psicología humana y los estudios de organización, entre otros.

- **Análisis de accidentes e incidentes: CAST**
La técnica más importante y representativa del modelo STAMP para estudiar y determinar las causas de un accidente es el llamado análisis causal basado en STAMP o CAST *(causal analysis based on* STAMP*)*. Es el principal método para determinar las preguntas que ayudarán a entender por qué se ha producido el accidente. El análisis de un accidente puede aportar un marco de referencia para conocer el proceso completo del suceso e identificar los factores sistémicos causales involucrados. Permite examinar globalmente y por completo el sistema de control identificando las debilidades en su estructura y los cambios que se han de aplicar desde un punto de vista sociotecnológico. Este método no solo va dirigido a eliminar los síntomas sino también los factores causales potenciales incluyendo los sistémicos. El CAST no tiene como objetivo buscar un culpable ni exigir responsabilidades. Va mucho más allá: trata de saber por qué se ha producido el accidente y cómo se puede prevenir en el futuro. Este procedimiento muestra la estructura de control del sistema en cuestión y las limitaciones de seguridad que han sido incumplidas en cada nivel. De esta manera se puede analizar el accidente desde múltiples puntos de vista dependiendo de la perspectiva y el nivel en el que se encuentra. Para hacer correctamente el análisis CAST basándose

en el método STAMP descrito por Leveson se deben seguir una serie de pasos que estudian el sistema en su conjunto enfocado en la seguridad y que no deben ser necesariamente lineales ni uno de ellos deberá ser completado antes que otro sino que se pueden alternar y adaptar en función de las necesidades del sistema y el estudio (véase la tabla 2.1).

3.4 Estudio comparativo entre HFACS, AcciMap y STAMP

Estos tres modelos están basados en la teoría de sistemas y son muy adecuados para estudiar los sistemas social y tecnológicamente complejos actuales e investigar las causas profundas de un accidente con el objetivo último de generar recomendaciones para prevenirlos.

El sistema de clasificación y análisis del factor humano (HFACS) es una evolución de la teoría del queso suizo de Reason y está basado en la teoría de sistemas para analizar los fallos a través de cuatro niveles organizacionales. AcciMap es un método de análisis sistémico desarrollado a partir del marco de gestión del riesgo de Rasmussen (1997) para mostrar de forma gráfica las decisiones, las acciones y los fallos que contribuyen al accidente. Los factores directos, como los fallos del operador, se encuentran en la parte inferior mientras que en los niveles superiores están los factores relacionados con la gestión de la compañía, con las autoridades locales y con el gobierno. El modelo sistémico STAMP, por su parte, está centrado en los fallos de control del sistema, incluyendo aquellos basados en el control organizati-

1	Identificar el sistema
2	Identificar los peligros y las restricciones de seguridad del sistema
3	Construir la estructura de control del sistema
4	Estudiar los eventos próximos al accidente
5	Estudiar las pérdidas del sistema a nivel físico
6	Estudiar de manera ascendente los niveles de la estructura de control
7	Estudiar la comunicación y la coordinación del sistema
8	Estudiar la dinámica del sistema
9	Formular recomendaciones

Tabla 2.1. Secuencia de etapas del análisis CAST.

vo, físico, operacional y de fabricación. Una vez identificados los fallos de control, utiliza la dinámica de sistemas para identificar las causas.

HFACS y AcciMap son una evolución de las teorías basadas en eventos. En estos modelos se analizan los actos inseguros y la contribución que han tenido en los accidentes o acciones peligrosas. STAMP además de estudiar las decisiones y las acciones inadecuadas, que pueden representar un peligro para el sistema, estudia los fallos de control.

Todos los métodos son útiles para identificar los errores humanos, algunos errores organizativos y las razones por las que se producen. Los que tienen como origen modelos de eventos no resultan adecuados para encontrar factores organizativos profundos y únicamente son capaces de cubrir una pequeña parte de los elementos que intervienen.

El STAMP, a través de sus instrumentos, constituye una guía para analizar la seguridad de los sistemas en un contexto sociotecnológico complejo. No ofrece una lista de todos los factores posibles que pueden afectar la toma de decisiones, sino que provee unos requerimientos de control. La base teórica de STAMP es completa, es decir, la aplicación de pautas no está limitada y puede incluir todos los factores potenciales.

Como hemos visto, HFCAS utiliza una estructura jerarquizada y resulta muy útil para analizar aquellos factores relacionados con los errores humanos. Sin embargo, no contempla todos los factores posibles contextuales y para compensarlo hace una enumeración muy larga de ellos por cada «porción del queso» de Reason. De todas maneras, sin una base de ingeniería, ninguna porción puede ser completada lo que lleva a infravalorar los riesgos y a no tener en cuenta factores importantes.

El modelo AcciMap aplica el análisis a todos los niveles jerárquicos en los que está organizado el sistema pero se trata de un análisis superficial que solo incluye factores lineales relacionados con las pérdidas que se producen.

HFCAS y AcciMap pueden identificar adecuadamente muchas acciones individuales del operador pero muestran carencias a la hora de localizar defectos en sistemas organizativos. No obstante, resultan muy útiles para presentar de forma fácil e intuitiva las causas principales y subyacentes que intervienen en un accidente, facilitando su compresión y las interacciones que lo han producido.

4   La ingeniería de la resilencia

La resiliencia se define como la capacidad de un material, mecanismo o sistema para recuperar su estado inicial cuando ha cesado la perturbación a la que había estado sometido. Numerosos fenómenos adversos pueden atribuirse a un mal funcionamiento o defecto de los elementos pero muchos de ellos deben estudiarse con mayor profundidad. Por ello la gestión de la seguridad no puede basarse exclusivamente en el estudio a posteriori de los hechos, sino que debe ser proactiva y reactiva. No debe aislarse de la actividad de la empresa ni esta olvidarse de la seguridad: «La seguridad es un prerrequisito de la productividad y la productividad es un requisito de la seguridad».[20]

El objetivo de la ingeniería de la resiliencia es diseñar y producir sistemas con los suficientes instrumentos para evitar de forma activa que se produzca una pérdida de control. Se fundamenta en el fenómeno de la resonancia[21] para describir cómo una pequeña variación en el desarrollo normal de una actividad puede transformarse drásticamente en unos efectos desproporcionados.

Como se ha comentado anteriormente, muchos de los métodos para explicar los accidentes se fundamentan en bases técnicas, de factores humanos u organizativos pero la resonancia, al igual que el modelo STAMP, se basa en un estudio a nivel sistémico.

La ingeniería de la resiliencia asume que puede haber variaciones inevitables en el desarrollo de una actividad, ya que cuanto más complejo es un sistema menos precisos son los procedimientos y las instrucciones. Los operadores y las organizaciones deben adaptar su actividad para compensar las limitaciones y cumplir con las demandas y restricciones. El problema en los sistemas actuales es que no es posible llevar a cabo de manera adecuada esa adaptación no y únicamente se puede producir una aproximación.

4.1   Aportaciones de la ingeniería de la resiliencia

La ingeniería de la resiliencia, al contrario que los métodos clásicos de seguridad, tiene en cuenta la importancia de relacionar la producción con la seguridad. Su objetivo es desarrollar métodos para potenciar las habilidades organizativas en entornos variables para compaginar las operaciones diarias con la seguridad.

Los operadores y las organizaciones deben adaptar los recursos y las demandas a las variaciones en el desarrollo de los sistemas. Estas variaciones pueden hacer que el sistema vaya bien pero que también vaya mal.

La ingeniería de la resiliencia tiene como objetivo aportar una nueva visión al estudio de la seguridad de los sistemas trabajando conjuntamente con las metodologías actuales.

---

[20] Eurocontrol (2009), «A White Paper on Resilience Engineering for ATM».
[21] Resonancia: gran divulgación o propagación que adquiere un hecho (RAE).

4.2   Método funcional de evaluación de la resonancia o FRAM

La ingeniería de la resiliencia proporciona la base conceptual para alcanzar una nueva perspectiva de la seguridad a partir del método funcional de evaluación de la resonancia *(The functional resonance analysis method: modelling complex socio-technical systems* o FRAM). Podemos decir que es un modelo de accidente de resonancia funcional. A través de este método, el sistema puede aprender a utilizar la constante variabilidad de sus propios componentes de forma controlada.[22] El método FRAM se basa en cuatro principios:

1. **La equivalencia entre éxitos y fallos** considera que los fallos pueden representar una fuente de conocimiento para representar la adaptación necesaria a los sistemas complejos actuales.
2. **El principio de ajustes aproximados** considera que el tiempo y los recursos son finitos y, por lo tanto, la adaptación de los operadores a la variación de los sistemas debe ser aproximada.
3. **El principio de emergencia** considera que tanto el desarrollo normal de una actividad como los fallos que se producen son propiedades emergentes de un sistema. No se pueden atribuir únicamente al mal funcionamiento de un componente específico.
4. **El principio de la resonancia funcional** tiene como objetivo explicar cómo pequeñas variaciones en las funciones normales pueden ir resonando y derivar en una variación desproporcionada que afecte a todo el sistema.

El análisis FRAM incluye cinco pasos:

1. **Definir el propósito del análisis.** Principalmente diferenciar si el análisis es para investigar un accidente o para formular recomendaciones de seguridad.
2. **Identificar y definir las funciones más relevantes del sistema,** es decir, todas aquellas actividades que tienen consecuencias para otras actividades.

---

[22] Con carácter general e introductorio, pero muy ilustrativa ver página de Hollnagel, E.: http://www.functionalresonance.com/. Con carácter más académico: Hollnagel, E., *Barriers and accident prevention*, Aldershot, UK: Ashgate, 2004 (el capítulo 6 describe el FRAM, aunque en ese momento tenía un significado ligeramente diferente); Hollnagel, E., *FRAM – The Functional Resonance Analysis Method,* Farnham, UK: Ashgate, 2012; Furniss, D., Curzon, P., Blanford, A., en «Using FRAM beyond safety: a case study to explore how socio technical systems can flourish or stall», 2016.

Cada función se caracteriza por seis aspectos: entrada, salida, precondiciones, recursos, tiempo y control.

3. **Estudiar y evaluar las variaciones potenciales de cada función.** Este paso distingue entre factores de fondo y factores visibles. Los primeros pueden variar más lentamente mientras que segundos están directamente asociados con las funciones y pueden variar significativamente durante el escenario.

4. **Identificar dónde puede emerger la resonancia funcional.** Consiste en localizar las vías por donde podrían transmitirse las pequeñas variaciones del sistema.

5. **Desarrollar contramedidas efectivas.** Generalmente están orientadas a controlar las variaciones en el sistema pero también pueden utilizarse para mantener o amplificar la resonancia funcional en beneficio del sistema.

5   Conclusiones

Como hemos podido ver, hemos pasado de los modelos secuenciales lineales de un accidente producido por el fallo a un accidente producido por un conjunto de causas, a un siniestro como fallo de organización y, en los modelos sistémicos, esencialmente como un control defectuoso o una ausencia de control.

La mayoría de las comisiones de investigación de accidentes marítimos siguen utilizando los métodos secuenciales y epidemiológicos descritos (US Coast Guard, MAIB, GNV-DNL, etc.). Sin embargo, resulta ineludible transitar a modelos sistémicos: la automatización, la informática, la interdependencia del buque y su capitán con las administraciones, la naviera y otros operadores (DPA) y los gestores náuticos y, de manera fundamental, la complejidad creciente de la relación hombre-máquina y su vinculación con los sistemas/procedimientos permiten pronosticar que en un futuro inmediato se emplearán metodologías sistémicas, aunque sea simplemente para determinar la causa primaria del accidente. Los modelos sistémicos, más implantados en la aviación, las plantas nucleares, etc., permiten analizar accidentes provocados por fenómenos emergentes que surgen debido a las complejas interacciones no lineales entre los componentes del sistema. Dentro de los modelos sistémicos, se advierten importantes diferencias entre AcciMap, HFACS y STAMP, pues no dejan de ser técnicas instrumentales con metodologías singulares, que pueden llevar a resultados diversos. En la complejidad de nuestra época, los modelos lineales secuenciales van a resultar obsoletos para comprender los accidentes marítimos, por lo menos en relación con la actividad de transporte.[23]

Particular importancia tiene, desde la perspectiva humana, la ingeniería de la resiliencia, uno de los campos con mayor potencial de futuro en los nuevos marcos sociotécnicos actuales. Aborda la necesidad de desarrollar sistemas que impidan activamente perder el control. En la ingeniería de la resiliencia, el fallo es la otra faceta de las adaptaciones necesarias para hacer frente a la complejidad del mundo real, más que una anomalía o disfunción como tal. La actuación de los individuos y las organizaciones debe adaptarse en cualquier momento al contexto y, puesto que los recursos y el tiempo son limitados, dichas adaptaciones son siempre estimativas y falibles. El éxito se vincula a la capacidad de las organizaciones, los grupos y los individuos para anticiparse a las formas cambiantes que adopta el riesgo antes de que se produzcan los fallos y el accidente. El fallo supone la ausencia, temporal o permanente de esa capacidad. La seguridad es algo que el sistema crea y no tanto algo que tiene *per se*. No es suficiente que los sistemas sean fiables; deben tener además la propiedad de la resiliencia entendida como capacidad para recuperarse de las disfunciones.[24]

Obviamente, supone un campo de conocimiento multidisciplinar al cual son aplicables los instrumentos de análisis comentados, pero incorpora la adaptabilidad y la capacidad de recuperación de los sistemas y su vinculación con la productividad y el entorno empresarial.

<hr />

[23] Véase Salmon, P., Cornelissen, M., en «Systems-based accident analysis methods: A comparison of Accimap, HFACS, and STAMP», Elsevier Safety Science, vol. 50, Issue 4, abril de 2012, pp. 1158–1170; Underwood, P., Waterson, P. (2013), «Systemic accident analysis: Examining the gap between research and practice», *Accident Analysis & Prevention*, 55, pp. 154-164.

[24] De lectura imprescindible: Hollnagel, E., Woods, D., Levenson, N., *Ingeniería de la resiliencia*, Ed. Modus Laborandi, 2013.

Capítulo 3

La investigación de los accidentes e incidentes marítimos

Los primeros precedentes históricos los encontramos en Reino Unido, en el seno de la Cámara de los Comunes, donde en 1836 se estableció una especie de corte de investigación para aclarar las causas de los siniestros marítimos e incluso depurar responsabilidades de los capitanes, suspendiendo sus licencias. Posteriores desarrollos legislativos, como la Steam Navigation Act (1846) y la Merchant Shipping Act (1876), establecieron la investigación de los accidentes marítimos como instrumento básico de prevención.[1]

Tras la creación de la Organización Marítima Internacional (OMI) en 1959, diferentes convenios y normas de derecho uniforme formularon la obligación «legal» de investigar. El artículo 94 de la Convención de las Naciones Unidas sobre el Derecho del Mar (UNCLOS) establece que el Estado del pabellón: «efectuará una investigación en relación con cualquier accidente marítimo o cualquier incidente de navegación en alta mar...».

Sobre esta base, diferentes convenios han incorporado dicha obligación, como la Regla 21, parte C, del capítulo I del Convenio Internacional para la Seguridad de la Vida en el Mar o SOLAS (siglas de *Safety of Life at Sea);* el artículo 23 del Convenio Internacional sobre Líneas de Carga de 1966; los artículos 8 y 12 del Convenio MARPOL 73/78; la Regla 1/5 el Convenio SCTW, etc.

La obligación de los estados de proporcionar determinados informes a la OMI (regla 21 del SOLAS) ha sido la principal fuente de información, cuando menos estadística, del trabajo del Comité de Seguridad Marítima (MSC) y de sus subco-

---

[1] Véase Piniella Corbacho, F., en *Seguridad del transporte marítimo,* Ed. UCA Servicio de Publicaciones, 2009, p. 475.

mités, y ha permitido disponer de datos objetivos y fiables. Sobre la base de ella los subcomités y el MSC han planteado propuestas de convenios u otros instrumentos legales a la Asamblea o al Consejo de la OMI.

Sin embargo, la heterogeneidad de los informes que presentaban los diferentes estados (mera comunicación formal del número siniestros, informe exhaustivo, diferentes formatos, etc.) planteó la necesidad de disponer de un instrumento común que facilitase la cooperación entre ellos. Fruto de tal planteamiento es el Código para la Investigación de Siniestros y Sucesos Marítimos (Resolución A. 849 [20]), que establece un procedimiento, la emisión de informes, y proporciona una definición de «siniestro marítimo», «siniestro muy grave» y «siniestros menos graves». Con carácter ilustrativo, define como siniestro muy grave: «el sufrido por el buque con pérdida total de este, pérdida de vidas humanas o contaminación grave». Los principios básicos de este código son:

- Definición del objeto de la investigación y de los principios que la rigen.
- Procedimientos de consultas y cooperación entre los estados con intereses en la investigación.
- La prevención de siniestros como objeto de la investigación y no la atribución de responsabilidades en el marco de la investigación. Protección y un cierto grado de inmunidad a los participantes en la investigación. Prevenir el peligro de «autoinculpación».
- Creación de un modelo normalizado de «informe de la investigación».

El código indica, de manera expresa, que el objeto de la investigación es la prevención de siniestros análogos, en ningún caso la atribución de responsabilidades. La investigación en el marco del código se sitúa al margen de cualesquiera otros procedimientos administrativos, judicial penal, civil, etc., en relación o derivados del accidente. Esto no impide que una vez se hayan determinado las causas del siniestro los jueces y tribunales atribuyan responsabilidades jurídicas.[2]

1 Estructura del informe (MSC/Circular 953 MEPC/Circular 372)

Toda investigación concluye con un informe que debe contener los siguientes elementos:

---

[2] Hay que tener muy presente en este caso las Directrices sobre el trato justo de la gente de mar. Véase en la Ley de Navegación Marítima española, Disposición Adicional nuevo artículo 269 TRLPMM 2011.

- Resumen fáctico de hechos y circunstancias.
- Partes intervinientes: nacionalidades, identidad de navieras, propietarios, etc.
- Especificaciones técnicas detalladas, tripulación, de obligaciones, etc.
- Descripción detallada del siniestro.
- Análisis y observaciones de todos los factores que intervienen en el siniestro.
- Formulación de observaciones sobre los elementos causales, que deben incluir tanto los factores mecánicos como humanos, con arreglo a las estipulaciones de la base de datos de la OMI.
- Formulación de recomendaciones de prevención de siniestros análogos, si procede.

2 La investigación de accidentes en la UE

En el libro blanco *La política europea de transporte de cara al 2010: la hora de la verdad* se consigna la necesidad de que exista un organismo independiente en las investigaciones técnicas, las cuales se han de basar en el análisis de las causas y las circunstancias de los accidentes e incidentes, y cuyos resultados se han de orientar hacia la prevención y minimización de riesgos y la mejora de la legislación.

En el paquete legal Erika II se planteaba literalmente que la Agencia Europea de Seguridad Marítima *(European Maritime Safety Agency* o EMSA) debía «diseñar, con la Comisión y los estados miembros, una metodología común para la investigación de los accidentes marítimos y participación de la misma».[3]

En la actualidad, los principios y la metodología de la investigación se encuentran recogidos en la Directiva 2009/18CE del Parlamento Europeo y del Consejo de 23 de abril de 2009, «por la que se establecen los principios fundamentales que rigen la investigación de accidentes en el sector del transporte marítimo» (DOUE L 131 de 28 de mayo), así como en el Reglamento 1286/2011 de la Comisión, de 9 de diciembre de 2011, por el que se adopta, con arreglo al artículo 5, apartado 4, de la Directiva 2009/18/CE del Parlamento Europeo y del Consejo «una metodología común para la investigación de siniestros e incidentes marítimos» (DOUE L 328 de 10 de diciembre).

....

[3] Conviene tener en cuenta, con carácter de precedente, la Directiva 1999/35/CE, sobre principios de investigación de accidentes e incidentes en los servicios regulares de transbordadores de carga rodada y naves de pasaje de gran velocidad, y la Directiva 2002/59/CE, relativa al establecimiento de un sistema comunitario de seguimiento y de información sobre el tráfico marítimo que establecía el uso de sistemas registradores de datos de la travesía (VDR).

Existe el proyecto de crear una base de datos europea de siniestros marítimos, a la que los organismos de investigación de los estados miembros notificarán los siniestros e incidentes marítimos con un formato normalizado.

3   España: la Comisión de Investigación de Accidentes e Incidentes Marítimos (CIAIM)

El objetivo de la CIAIM es la investigación de accidentes marítimos, la formulación de las recomendaciones de seguridad para tratar de evitar que los accidentes vuelvan a suceder, y la publicación de los informes resultantes de la investigación de accidentes.

La actividad de la CIAIM está regulada en los artículos 265 y 307.n) del TRLPMM RD Leg. 2/2011 de 5 de septiembre y por el RD 800/2011, de 10 de junio. De acuerdo con esta normativa, las investigaciones de esta comisión van dirigidas a establecer las causas técnicas que produjeron el accidente, así como a formular recomendaciones que permitan su prevención. En ningún caso las investigaciones persiguen determinar culpa o responsabilidad alguna.

En su trabajos, la CIAIM sigue las recomendaciones del Código para la Investigación de Siniestros y Sucesos Marítimos, adoptado por la OMI. Publica sus informes desde el año 2009 y elabora recomendaciones para toda la comunidad marítima: administración, navieras, tripulaciones, etc. Dada su relevancia, destacan, entre otros, el *Informe sobre estabilidad de buques pesqueros* (2014) y *Riesgos de la navegación en aguas someras y zonas de rompiente* (2016).[4] Hay que tener en cuenta que la CIAIM no investiga todos los siniestros, sino aquellos que tienen una especial relevancia técnica. De sus informaciones, se deduce que la seguridad marítima en España tiene dos grandes agujeros negros: la flota pesquera y los fallos operacionales.[5]

Llama la atención que la CIAIM no ha abordado a día de hoy la investigación de los incidentes marítimos. En el apartado siguiente se muestra la importancia y relieve que se da al estudio de los incidentes en otros países de nuestro entorno. Resulta todavía más sorprendente cuando su «hermana» en el transporte aéreo, la Comisión de Investigación de Accidentes e Incidentes de Aviación Civil (CIAIAC), del mismo Ministerio de Fomento, sí se ocupa de los «incidentes graves».[6]

---

[4] Disponibles en: https://www.fomento.gob.es/MFOM/LANG_CASTELLANO/ORGANOS_COLEGIADOS/CIAIM/PUBLICACIONES/

[5] En el año 2014, fallecieron en España 24 personas en accidentes de pesqueros en sólo seis accidentes.

[6] Véase website de la Comisión de Investigación de Accidentes e Incidentes de Aviación Civil (CIAIAC): https://www.fomento.gob.es/MFOM/LANG_CASTELLANO/ORGANOS_COLEGIADOS/CIAIAC/.

4 La investigación de los accidentes marítimos en el derecho comparado

4.1 Reino Unido: la División de Investigación de Accidentes Marítimos (MAIB)

La División de Investigación de Accidentes Marítimos *(Maritime Accident Investigation Branch* o MAIB) fue creada en 1989 para analizar e investigar todo tipo de accidentes marítimos sufridos por barcos británicos u ocurridos abordo de los mismos en todo el mundo, así como los de otros barcos en aguas territoriales de Reino Unido.

El objetivo de las investigaciones es averiguar las circunstancias y las causas de los accidentes, con el fin de mejorar la seguridad de la vida en el mar y de evitar estos sucesos en el futuro. No se pretende adjudicar la responsabilidad ni tampoco determinar quién es el culpable, salvo que sea necesario para conseguir el objetivo fundamental. En definitiva, se trata de una organización dedicada a la investigación y no a la administración de la justicia o la ejecución de la ley.

La MAIB es una organización independiente, que no forma parte del Ministerio de Transporte (DfTo *Department for Transport),* ni tampoco de la Agencia Marítima y de la Guardia Costera (MCA o *Maritime and Coastguard Agency).* El responsable máximo de la MAIB, el comisario de Accidentes Marítimos, se encuentra bajo las órdenes directas del secretario de Estado de Transporte (SOSREP o *Secretary of State's Representative Salvage & Intervention).*

El comisario dispone de cuatro equipos de investigación de accidentes, cada uno de los cuales está formado por un inspector principal y cuatro inspectores. Todos poseen las necesarias cualificaciones profesionales y experiencia en las disciplinas de náutica, ingeniería, arquitectura naval y pesca de la industria marítima. Asimismo, el MAIB cuenta con personal administrativo que se encarga de los aspectos financieros, los contratos, los archivos, el análisis de datos y las publicaciones, y que proporciona apoyo general a los inspectores en todas y cada una de las fases de las pesquisas administrativas, los exámenes preliminares y las investigaciones completas.

Las facultades de los inspectores del MAIB y el marco para la notificación e investigación de accidentes se estipulan en la parte 11 de la Merchant Shipping Act 1995 *(Accident Reporting and Investigation Regulations* 2005), que establece el marco jurídico en vigor. Este reglamento, que constituye la base de la labor del MAIB, se aplica a buques mercantes, barcos de pesca y (salvo algunas excepciones) a embarcaciones de recreo. Define los accidentes, establece el objetivo de las investigaciones y determina los requisitos para dar parte de aquellos. Asimismo, incluye disposiciones sobre la solicitud, notificación y realización de investigaciones, pero concede amplia facultad discrecional a los inspectores, algo necesario dada la amplia diversidad de casos. Existe un protocolo de intenciones firmado por la Health and Safety Executive (HSE), el

MAIB y la MCA sobre qué organización debe dirigir las investigaciones en las que los organismos comparten un interés común, sobre todo cuando hay una conexión barco-tierra en que quedan solapadas las competencias de los tres organismos.

4.2   Otras agencias de investigación europeas

- Division for Investigation of Maritime Accidents (autoridad marítima danesa).
- Accident Investigation Board of Finland.
- Bureau d'enquêtes sur les événements de mer (BEAmer) (Francia).
- Marine Casualty Investigation Board (MCIB) (Irlanda).
- Italian Coast Guard (ITCG).
- Swedish Accident Investigation Board (SHK) (Suecia).

También destaca, a pesar de no tener carácter institucional, el Foro Internacional de Investigadores de Accidentes Marítimos Marine *(Accident Investigator' International Forum* o MAIIF).

4.3   Estados Unidos: la Guardia Costera y la National Transportation Safety Board

Estados Unidos cuenta con dos organismos competentes en investigación de siniestros marítimos: la Guardia Costera de Estados Unidos *(US Coast Guard* o USCG), una rama de las fuerzas armadas que depende del Departamento de Seguridad Nacional de Estados Unidos *(US Departament of Homeland Security),* y la Junta Nacional de Seguridad del Transport *(National Transportation Safety Board* o NTSB), junta independiente dedicada a la investigación de siniestros en todos los medios de transporte.

La USCG es el organismo equivalente al MAIB de Reino Unido. Aunque no esté plenamente dedicada a la investigación de siniestros marítimos, es la encargada de revisarlos todos y realizar las primeras indagaciones para, a continuación, abordar aquellos que, conforme con sus regulaciones, deban ser investigados. Más adelante, en el caso de un accidente de grandes proporciones, actuaría la NTSB.[7]

---

[7] Para un estudio más exhaustivo del modelo estadounidense, véase Martí Rodrigo, C., *Régimen jurídico y metodología de investigación de siniestros marítimos,* 2008; disponible en repertorio OAI de la UPC: UPCommons (http://hdl.handle.net/2099.1/5068) (trabajo dirigido por el autor).

Desde 2001, la Guardia Costera de Estados Unidos dispone de una base de datos propia: el MISLE *(Marine Investigation for Safety and Law Enforcement)*. Inicialmente pensado como un sistema de información sobre vertidos, ha ido evolucionando hasta cumplir con los requisitos de la USCG sobre recogida de información, opciones de análisis e interpretación, y de la dirección de la protección del medioambiente en los espacios marinos.[8]

Mientras que el Departamento de Seguridad Nacional se limita a archivar los informes resultantes de sus investigaciones dejándolos a disposición del público, la USCG dispone en la actualidad de una base de datos, resultado de la evolución de otras anteriores, utilizadas a lo largo de la vida de este organismo y creadas con diferentes propósitos dentro de las distintas y variadas actividades del organismo.

Desde la creación de la primera base de datos en1973, se han desarrollado dentro del organismo fundamentalmente cuatro sistemas de información, que han ido evolucionando para responder a los requisitos sobre recopilación de información, análisis e interpretación de la propio USCG y las leyes federales a las que somete su actividad.

- **PIRS** *(Pollution Incident Reporting System)*. Activo entre 1973 y 1985, tenía como objetivo la recopilación de información acerca de vertidos contaminantes accidentales por hidrocarburos o cualquier otra sustancia nociva para el medio ambiente.

- **MSIS** *(Marine Safety Information System)*. En funcionamiento entre los años 1985 y 1991, fue concebido como una evolución del PIRS y encaminado a sustituirlo. A las funciones encomendadas al anterior, añadió la de recopilación de información de siniestros marítimos. Incluía como mayor novedad la posibilidad de introducir la información desde las propias unidades de la USCG situadas en la escena.

---

[8] El MISLE almacena diversos tipos de información; por ejemplo, detalle de las características del buque, la carga, las identidades de las partes implicadas, información del puente de mando, los equipos y archivos de la USCG relativos a las informaciones citadas. Todos ellos provienen de las investigaciones de la USCG, ya sea de archivos conseguidos por los investigadores o creados por alguna de sus secciones de investigación. El MISLE, al contrario que el EMCIP (European Marine Casualty Information Platform) europeo, es una organización activa que realiza juntas concernientes a la aplicación de la ley y observaciones, inspecciones e investigaciones marítimas, respuesta a incidentes relacionados con la contaminación marina y operaciones de búsqueda y rescate. Además, el MISLE gestiona el flujo de información que se genera alrededor de todas estas actividades.

- **MINMOD** *(Marine Investigations Module).* Se crea en 1992 y extiende su actividad hasta 2001 como un adenda al MSIS para complementarlo. Se centra en la identificación y el análisis de los factores que contribuyen a que se produzca el siniestro.

- **MISLE.** Se concibe en 2001 tal y como es utilizado hoy. Sustituye al MSIS mejorando el tratamiento de la información con la aplicación de las nuevas tecnologías y la explotación de los recursos web existentes en la actualidad.

5   Los incidentes marítimos

Otra línea de investigación es el estudio de los «cuasi accidentes», también llamados incidentes marítimos, entendidos como una secuencia de eventos o circunstancias que podrían haber dado lugar a una pérdida o daño, que finalmente no se ha producido solo por una rotura fortuita en la cadena de eventos o condiciones. La pérdida potencial puede referirse a daños personales, pérdidas materiales o daños al medio ambiente. La base teórica de la teoría de los incidentes y su carácter de precursores o antecedentes inmediatos de los accidentes se debe a Herbert William Heinrich, que establecía una relación matemática de proporcionalidad entre el número de incidentes observados y el accidente. Se parte de la premisa conceptual de que los actos inseguros causan la mayor parte de los accidentes.[9]

El tratamiento de estos actos y su recopilación sistemática permiten descubrir los fallos del sistema de gestión de la seguridad o cuando menos detectar actos inseguros. El propio sistema de gestión de la seguridad del buque o de la compañía debe incluir, de acuerdo con las previsiones del Código internacional de gestión de la seguridad operacional del buque y la prevención de la contaminación o Código IGS, procedimientos para informar a la naviera sobre las no conformidades, los accidentes y otras situaciones de riesgo, con el objetivo de mejorar la eficacia del sistema.

La OMI, consciente de la relevancia de esta cuestión, se ha ocupado del tema en las circulares: MSC/Circular 1015, «Información incidentes»; y MSC-MEPC.7/Circular7, «Orientaciones sobre la notificación de incidentes». Sobre la base de las previsiones del Código IGS (sección 9.ª), se anima a comunicar las situaciones de

---

[9] Véase Johnson, C., *Failure in Safety-Critical systems: A Handbook of Incident and Accident Reporting*, Glasgow University Press, 2003.

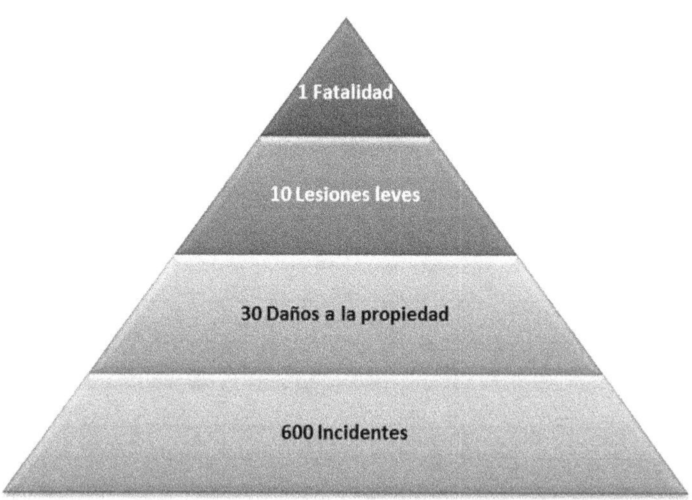

Figura 3.1. Pirámide del incidente.

peligro potencial de manera anónima y se pide a los estados miembros que establez-can procedimientos adecuados.[10]

La puesta en común de esas pequeñas incidencias dentro de la compañía naviera y su tratamiento (resbalones, caídas, pequeños vertidos, etc.) pueden ser claves para las políticas de prevención y para todos los implicados en la seguridad: capitanes, DPA, departamento de flota y seguridad, etc.

De manera colectiva, se considera que estas bases de datos proporcionan, con el tratamiento adecuado, elementos para prevenir actos inseguros y políticas preventivas de seguridad marítima. Estos elementos han tenido más desarrollo en los países nórdicos y en el mundo anglosajón.

6 Las comisiones de investigación de los incidentes marítimos en el derecho comparado

Esencialmente, la mayoría de ellas se conciben metodológicamente como sistemas de información anónima y categorizan los diferentes eventos en los si-

---

[10] Sobre una vertiente teórica, ver Zhixian, W. en *The Use of Near misses in maritime management,* World Maritime University, Disponible en https://commons.wmu.se/cgi/viewcontent. cgi?article=1414&context=all_dissertations.

guientes términos: «condición insegura», «acto inseguro», «cuasi accidente» y «accidente».

Si la «condición insegura» se identifica previamente, existen grandes probabilidades de evitar el «acto inseguro», el «cuasi accidente» y el «accidente». Si estamos muy concienciados de la importancia de la seguridad y somos capaces de comunicarlo a los demás, podremos evitar el «acto inseguro» antes de que se dé, haciendo imposible el «cuasi accidente» y el «accidente».

Si no se tienen en cuenta las dos oportunidades precedentes («condición insegura» y «acto inseguro»), todavía podemos evitar el accidente notificando, analizando y debatiendo el «cuasi accidente» entendido «como una secuencia de eventos o circunstancias que podrían haber dado lugar a una pérdida o daño, que sin embargo no se ha producido solo por una rotura fortuita en la cadena de eventos o condiciones».

Este planteamiento, con sus diferentes particularidades locales y jurídicas, inspira el trabajo de la mayoría de las comisiones de investigación de incidentes marítimos, a las que seguidamente nos vamos a referir.

6.1   El sistema SEAHEALTH de la industria marítima danesa

SEAHEALTH se creó en 1993 como institución de carácter privado para ofrecer servicios profesionales en materia de prevención de riesgos laborales, seguridad y salud al sector marítimo danés. Se proponía mejorar las condiciones laborales y de salud física y mental de los tripulantes a bordo de buques con bandera danesa con el objeto de prevenir los accidentes laborales en el sector de la marina mercante.

En estos años, ha desarrollado tareas de identificación, información y promoción de cambios de actitud en la prevención de riesgos laborales, al tiempo que ha proporcionado servicios de consultoría profesional al sector marítimo, especialmente en sus cuatro principales campos de actuación: prevención de accidentes, mejora de la salud laboral, promoción del bienestar de los trabajadores e incremento de la calidad del entorno físico laboral.

En la actualidad opera como un servicio privado de seguridad y salud laboral para el sector mercante danés, así como para otros sectores que requieran de sus servicios especializados. Al tratarse de una empresa privada, se financia con la contribución obligatoria que hacen las navieras integradas en ella por cada uno de los miembros de sus tripulaciones. Los marinos se benefician gratuitamente de los servicios gracias a las aportaciones realizadas por los armadores u operadores para los que trabajan, como Maersk, Fred Olsen, Scandlines o J. Lauritzen, por citar algunas de ellas. Esta financiación sostiene el sistema, pero no tiene carácter lucrativo. La comisión gestora del ente es independiente y está formada por representantes de los navieros y de los marinos.

El sistema SEAHEALTH es utilizado también por otros tipos de asociaciones u organizaciones marítimas, instituciones de investigación relacionadas con el sector, escuelas de náutica, autoridades marítimas y cualesquiera otras empresas conexas y relacionadas con el ámbito de la navegación marítima.

- **El proyecto NEARMISS.DK**
  Se trata de una base de datos de notificación de incidentes en línea a la que tienen acceso todos los miembros del programa SEAHEALTH. Actualmente, según cifras de su propia web, cuenta con unos 2.700 informes de incidentes. Estos son notificados de manera anónima por los propios miembros para que el resto de los usuarios puedan conocerlos y aprender de ellos. El proyecto trata de contribuir a que los usuarios conozcan las condiciones o actos inseguros que pueden derivar en un incidente o un accidente y de que aumente así la concienciación colectiva en materia de prevención. Tiene dos funciones principales: participar en el sistema de gestión de la seguridad de la compañía para informar y analizar los casos de incumplimiento, accidentes y sucesos potencialmente peligrosos desde los buques; y exponer los actos no intencionados que han supuesto un riesgo para los demás integrantes del sistema con el objeto de que no se repitan. Asimismo, pretende ayudar en la gestión y el tratamiento de los incidentes a aquellas compañías que no dispongan de su propio sistema de notificación.

- **Funcionamiento del sistema de notificación de incidentes NEARMISS.DK**
  Existe una web accesible al público general (www.nearmiss.dk) que contiene un enlace al área privada de notificación reservada a los socios participantes en el programa SEAHEALTH. En el área pública de la web se explican las bases del programa y la importancia de la notificación de incidentes. En el área privada, a la que solo tienen acceso los usuarios y que alberga la base de datos propiamente dicha, las compañías pueden crear y gestionar sus propios informes de notificación así como las acciones correctoras y preventivas a tomar en el futuro para que el incidente no se repita. Del mismo modo, el usuario puede consultar informes anónimos, que otros miembros del sistema han decidido hacer públicos según su criterio subjetivo. La «persona designada» por el sistema de gestión de la compañía decide qué informes se van a incluir en la base de datos de experiencias conjuntas. El incidente se sube entonces a la base de datos, siempre bajo un escrupuloso anonimato verificado por SEAHEALTH, que ejerce de garante del sistema previamente a la aceptación de la subida del

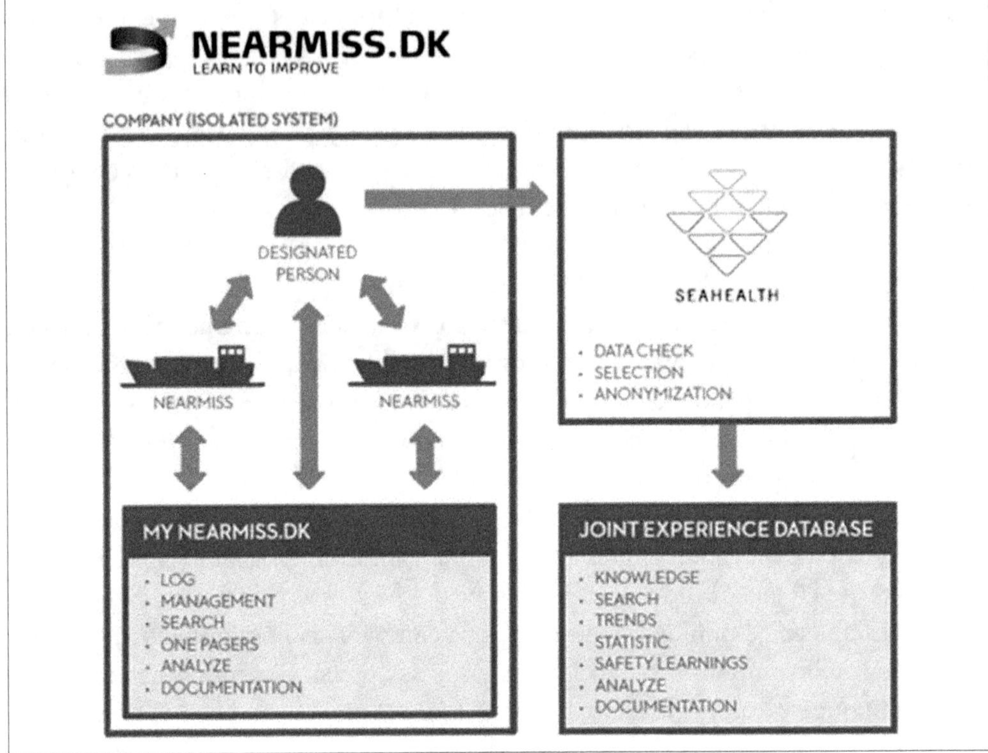

Fuente: NEARMISS.DK.

Figura 3.2. Esquema de funcionamiento del sistema nearmiss.dk y el papel que juegan los diferentes elementos que lo conforman en las diferentes fases del mismo.

informe. A partir de entonces, todas las compañías, previa introducción de sus credenciales, podrán acceder a los informes expuestos en la base de datos conjunta. En cualquier caso, el administrador de la compañía naviera afectada puede decidir que el incidente informado desde el buque no sea publicado en la base de datos de experiencias conjuntas. La web *mynearmiss* actúa como gestor informático en línea de los informes, a los que podrán acceder aquellas personas de la compañía autorizadas.

6.2   El sistema sueco INSJÖ, antecedente del ForeSea

En 2002 Suecia comenzó a recabar información acerca de los incidentes y cuasi accidentes en la industria marítima con la colaboración de la Administración Marítima

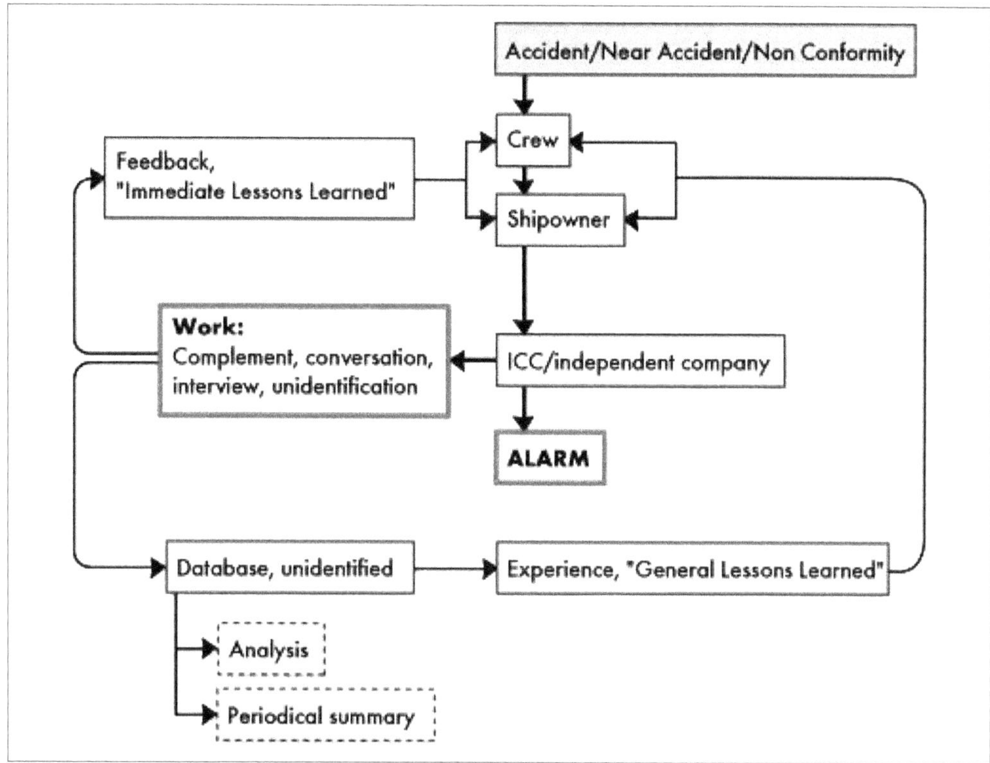

Fuente: www.insjo.org

Figura 3.3. El sistema ForeSea en la actualidad.

y la Asociación de Armadores del país. Se implementó un sistema de notificación de «accidentes», «incidentes», «cuasi accidentes» y «no conformidades» que debería permitir obtener conclusiones de las experiencias compartidas.

De la colaboración entre las instituciones mencionadas nació INSJÖ, una plataforma de notificación de incidentes o, como el propio sistema se autodenomina, una base de datos de experiencias gestionada por IPSO Classification & Control Ab, una compañía consultora independiente en materia de procesos y seguridad industrial. Al igual que en el caso del sistema NEARMISS.DK, las notificaciones eran introducidas en el sistema por la «Persona Designada» (DPA) en el SGS. o por un administrador autorizado por la compañía. Para realizar dichas notificaciones, el sistema INSJÖ proponía cumplimentar un sencillo cuestionario que incluía información acerca de la naturaleza del incidente, las consecuencias del mismo, la causa o causas que lo originan y las medidas que se han tomado o son susceptibles de tomarse en aras de una mejora y evitar el accidente.

IPSO Classification & Control Ab, encargada de desarrollar y administrar el sistema, recibe las notificaciones de las compañías navieras que se hayan unido al sistema y se encarga de darles el tratamiento adecuado de acuerdo a los principios de funcionamiento del mismo y de crear los informes resultantes del análisis así como de remitir al usuario los informes que le puedan ayudar en el análisis comparativo. Garantiza el anonimato de las notificaciones que se hagan públicas, eliminando u obviando aquellos datos que puedan ayudar a identificar a personas, buques o compañías y estando además obligada a mantener el más estricto secreto profesional. Asimismo, IPSO, como gestor de la base de datos, otorga o deniega el acceso a las notificaciones a terceros, sean personas, compañías, autoridades u organizaciones.

6.3 ForeSea

ForeSea es una versión mejorada del sistema de notificación de incidentes sueco INSJÖ y funciona desde el año 2002 gracias a la iniciativa conjunta de la Asociación Sueca de Navieros *(Swedish Shipowners' Association)* y la Administración Marítima de este país *(Swedish Transport Board)*. Al igual que INSJÖ es gestionado por IPSO Classification & Control Ab. Como queda descrito en la propia web (www.foresea. org), es un sistema de información para accidentes, incidentes, cuasi accidentes y no conformidades o desviaciones en la industria marítima.

En julio de 2010, las autoridades finlandesas *(Finnish Transport Safety Authority)* y la Asociación Finlandesa de Navieros *(Finnish Shipowners' Association)* decidieron unirse a ForeSea, que se convirtió así en un sistema de notificación internacional para las industrias marítimas de Finlandia y Suecia.

ForeSea se propone, en un futuro próximo, incorporar a otros países con sistemas en funcionamiento, especialmente de la zona nórdica, como Dinamarca y Noruega. Como hemos indicado, Dinamarca dispone del el sistema NEARMISS.DK, mientras que las compañías navieras noruegas vienen utilizando el sistema IRIS[11] ideado con posibilidad de ser conectado al sistema ForeSea.

El objetivo fundamental de ForeSea es mejorar la seguridad marítima, analizando la información alojada en su base de datos de experiencias *(ForeSea Experience Data Bank)*. En base a las experiencias notificadas por los usuarios se puede mejorar la

---

[11] IRIS *(Improvement Reporting Information System):* Sistema de notificación interna de incidentes basado en tecnología web y desarrollada para uso particular de cada compañía naviera. El sistema ha sido diseñado también por IPSO Classification & Control Ab, creador de ForeSea.

toma de decisiones, difundir información acerca de condiciones peligrosas, lo que el propio sistema llama *Safety alerts* o «alertas de seguridad», y compilar las lecciones aprendidas. Otro de los objetivos del sistema es facilitar a las compañías el cumplimiento de los requerimientos del Código IGS en lo que notificación interna se refiere tal y como se dispone en la sección 9ª del mismo. El ente independiente que administra ForeSea garantiza el anonimato del informador.

ForeSea está financiada por la Asociación de Navieros *Suecos (Swedish Shipowners´ Association),* la Agencia de Transportes Sueca *(Swedish Transport Agency)* y la Agencia de Seguridad en el Transporte Finlandesa *(TraFi; Finninsh Transport Safety Agency).* Al estar concebido como el sistema regulado de Suecia y Finlandia, el su uso es gratuito para las compañías navieras de ésos países. Igualmente el sistema permite en la actualidad admitir compañías navieras de terceros países previo estudio de cada caso de manera individual por sus gestores.

6.4   El modelo inglés: la fundación benéfica CHIRP (Maritime Confidential Hazardous Incident Reporting Programme)

CHIRP es un sistema de notificación de incidentes de carácter internacional para la mejora de la seguridad marítima y aérea. Fue creado en 1982 a partir de la investigación de un accidente de una aerolínea estadounidense que puso de manifiesto una serie de errores que se podrían haber evitado de haberse conocido a través de los sistemas existentes en aquel momento.

El programa CHIRP fue inicialmente un proyecto del *Royal Air Force Institute of Aviation Medicine de Farnborough*[12] en base a un sistema ya implantado desde 1976 en Estados Unidos y denominado *Aviation Safety Reporting System*, bajo el patrocinio de la NASA *(National Aeronautical and Space Administration).*

Se trata de un sistema anónimo que no confidencial, en el que se permite a cualquier ente relacionado con la industria marítima, ya sea mercante, de pesca o de recreo, hacer notificaciones garantizando la confidencialidad durante todo el proceso de investigación.

....

[12] El IAM *(The RAF Institute of Aviation Medicine)* fue un programa de investigación médica aeronáutica, que se desarrolló entre 1945 y 1994. Su delegación principal se encontraba en el aeródromo de Farnborough en Hampshire. Llevó cabo principalmente estudios en materia de aceleración, altitud, bioquímica, biofísica, equipamientos y formación a pilotos. El IAM fue líder mundial en la materia durante las décadas de 1960 y 1970 y destacó sobre todo en investigación sobre los efectos de la altitud y de la fuerza G, ruido y vibración, desorientación espacial, psicología e investigación de accidentes aéreos.

El sistema CHIRP se halla bajo el control de la fundación benéfica *The* CHIRP *Charitable Trust* fundada por el Departamento de Transportes del Reino Unido *(UK Department of Transport)* y la Autoridad de Aviación Civil *(Civil Aviation Authority)*, con el patrocinio de instituciones como *The Corporation of Trinity House, Lloyd's Register Educational Trust, The Britannia Steam Ship Insurance Association Ltd* y *The Standard P&I Club* (Storgärd, Erdogan y Tapaninen, 2012). Por lo tanto, está sujeto a la Ley de sociedades mercantiles y a la *Charity Commission.*[13]

Dado que existe un programa CHIRP para aviación *(Confidential Human Incident Report)* y otro para la industria marítima, se ha venido denominando CHIRP *for Maritime. Confidential Hazardous Incident Reporting Programme* al primero. El programa marítimo lleva en funcionamiento desde julio de 2003 y el aéreo, desde 1996 cuando se creó la fundación benéfica que garantiza su independencia y cuya gestión y responsabilidades económicas y fiscales corren a cargo de una junta directiva independiente. El sistema pretende trabajar con total trasparencia y permite a todos los visitantes de la web acceder a todo el material publicado, así como a las identidades de todos los empleados, los miembros de la junta directiva y las instituciones colaboradoras. El programa de aviación está financiado por la Autoridad de Aviación Civil, y el programa marítimo, por el *Department of Transports.*

El CHIRP recibe informes de incidentes acaecidos en el ámbito marítimo, lo cuales pueden ser remitidos por cualquier tipo de ente u organización del sector. Las notificaciones son validadas y revisadas. De ser necesario, son complementadas consultando a la fuente informadora. En caso de ser necesario, CHIRP recurre a organizaciones o instituciones que puedan ayudar esclarecer los hechos

En la información obtenida de las notificaciones se elimina toda posibilidad de identificación de la fuente y se pone a disposición del público general previo consentimiento de la persona que notifica con la posibilidad de que cualquiera pueda participar y aportar su punto de vista o experiencia sobre el asunto. Con esta metodología se genera una información que ayuda a mejorar la seguridad marítima y que además se hace pública a través de la propia web de la institución en forma de documentos en formato pdf bajo el nombre de *Maritime FEEDBACK* que tienen carácter trimestral.

....

[13] La Comisión de la Caridad o *Charity Commission* es un departamento no ministerial del gobierno británico que responde directamente ante el Parlamento. Tiene por misión registrar y regular las organizaciones benéficas de Reino Unido y Gales, asegurando su transparencia, vigilando las malas prácticas y gestiones comprometidas y proporcionando información de las mismas a los usuarios con el fin de dar la debida seguridad y confianza al sector así como garantizar prácticas congruentes con la naturaleza de las instituciones y en el marco de la legislación vigente.

A pesar de que el número de accidentes e incidentes en la industria marítima ha disminuido hasta niveles muy bajos, sus causas siguen siendo en gran medida debidas a fallos humanos, que constituyen la principal desencadenante de muchos accidentes importantes. La notificación de incidentes se ha acreditado como un instrumento muy útil para identificar problemas que afectan a la seguridad y también para adoptar medidas correcticas. En los incidentes ocasionados por los errores humanos, un medio de notificación voluntario, independiente y confidencial constituye una alternativa valiosísima a los programas de notificación obligatoria de accidentes en materia de mejora de la seguridad marítima.

El programa permite enviar un impreso de notificación bien desde la web, utilizando una plataforma encriptada para preservar la identidad de quien aporta la información, por correo electrónico, plataforma no recomendada por carecer de encriptación y de garantías de confidencialidad, y por correo ordinario.

6.5 Estados Unidos: el IIR (Incident Investigation Report)

La Guardia Costera de Estados Unidos (USCG) creó en 2002 la web *United States Coast Guard Maritime Information Exchange* (CGMIX), englobada dentro del MISLE, poniendo a disposición del público general una base de datos *on line* que permitía acceder a información de diverso tipo y de muy diferente naturaleza, desde equipamiento náutico aprobado por la USCG y una lista de proveedores igualmente aprobados, pasando por información sobre *Port State Control* o proveedores de servicios para dispositivos de salvamento, hasta una base de datos pública sobre investigación de incidentes, la IIR *(Incident Investigation Reports)*.

Los informes de investigación de incidentes contenidos en la IIR proporcionan al usuario público información acerca de los incidentes marítimos investigados por la USCG de acuerdo a la legislación vigente.[14] En principio se publican los incidentes susceptibles de ser considerados de interés público.[15] Para acceder a la información publicada en el sitio web del IIR existen varias posibilidades de búsqueda dentro de la base de datos constituida por los informes de los incidentes marítimos investigados.

---

[14] U.S. Code. Title 46, Part D - Marine Casualties. Chapter 61 – Reporting Marine Casualties & Chapter 63 – Investigating Marine Casualties.

[15] The Privacy Act (5 U.S.C. 552ª) and the Health Insurance Portability And Accountability Act (HIPAA) of 1996 (P.L. 104-191).

La base de datos contenida permite consultar aquellos informes emitidos por la USCG al término de las investigaciones, pero todavía no contempla la posibilidad de que el usuario interactúe. No obstante, al hacer públicos los resultados de los informes, permite dar a conocer los factores causales a todo aquel que desee acceder a su consulta. En cualquier caso, el IIR está lejos de poder considerarse un sistema de notificación de incidentes al estilo de los descritos en las páginas precedentes.

6.6 El sistema MARS de The Nautical Institute

The Nautical Institute es una organización no gubernamental de carácter consultivo integrada en la OMI, que tiene su sede en el Reino Unido y fue creado en 1971 para representar y asistir a los marinos y profesionales de la industria marítima al más alto nivel.

Pretende representar el punto de vista de sus asociados frente a la industria naval a nivel internacional. La institución fomenta la participación activa de sus asociados en foros, conferencias, comités, grupos de correspondencia por correo electrónico y diversas actividades que organiza, entre ellas, la publicación periódica de la revista *Seaways*. También se pone a disposición de los asociados y del público general cursos de especialización impartidos por el ente, así como publicaciones, libros y todo tipo de material docente.

Desde el punto de vista del ente, el *feedback* de sus asociados es fundamental para influir en las regulaciones, el diseño y los estándares operacionales de la industria naval susceptibles de ser mejorados. Dado el entorno cambiante en el que se mueve la industria, la respuesta de los asociados a la puesta en práctica de nueva normativa o equipamiento se convierte en una contribución muy valiosa en ese sentido.

Un ejemplo de la aportación de The Nautical Institute a la industria son los proyectos llevados a cabo para ayudar, promocionar y mejorar la implantación de avances tecnológicos, las recomendaciones operacionales o el conocimiento de nuevas regulaciones. Entre ellos destacan la implementación de los sistemas ECDIS y AIS, el aumento de la seguridad en los botes salvavidas y la campaña de concienciación en el personal. De estas iniciativas se benefician tanto los marinos como la industria.

El sistema MARS fue creado por *The Nautical Institute* con el ánimo de promover la notificación de los accidentes e incidentes de manera confidencial sin ánimo de búsqueda de culpa o responsabilidad. Es un servicio gratuito disponible para el público general, tiene carácter internacional y está abierto a la marina mercante, de pesca y de recreo.

Las notificaciones se almacenan en una base de datos alojada en la web de The Nautical Institute, desde donde se divulgan para evitar que vuelvan a ocurrir sucesos similares. Las que por sus especiales connotaciones gozan de mayor interés o importancia son publicadas en la revista *Seaways*. Las notificaciones no están abiertas a la aportación de terceros, limitándose a narrar las experiencias de un hecho determinado, así como sus consecuencias y posibles causas para el conocimiento general. Simplemente, los redactores de *The Nautical Institute* apuntan, a modo de corolario, las lecciones que se pueden extraer del suceso.

MARS anima a que se aporten notificaciones de actos inseguros o peligrosos, daños personales, fallos de equipos, incidentes y cuasi accidentes dentro del contexto de las operaciones del buque. En la web del sistema (www.nautinst.org/en/forums/mars/submit-a-report.cfm) se ofrece un formulario de notificación que se puede remitir por correo electrónico u ordinario una vez rellenado.

7 Conclusión

Los resultados de todas estas experiencias en el tratamiento de los «incidentes» y «cuasi accidentes» en el derecho comparado son muy positivos:

- Difunden la cultura de la seguridad marítima.
- Ayudan a gestionar proactivamente las situaciones potencialmente peligrosas, tanto a efectos de seguridad marítima, como en el ámbito laboral (IGS/ISM y como prevención de riesgos laborales).
- La proyección estadística de las series de actos inseguros o cuasi accidentes y su tratamiento analítico permiten generar indicadores objetivos en la gestión de la seguridad marítima, un aspecto fundamental en el planteamiento proactivo de la misma.[16]
- Además de aportar recomendaciones y acciones correctoras, las investigaciones de las comisiones de investigación[17] proporcionan una información muy valiosa para investigar los peligros y analizar los riesgos (HAZID).[18]

....

[16] También hay que destacar el modelo SECURITAS de la Transportation Safety Board of Canada y el REPCON – Marine Confidential Reporting Scheme in Australia, de The Australian Transport Safety Bureau.

[17] Tras los siniestros del *Braer* (1993) y el *Sea Empress* (1996), a partir del informe *Command and Control* de Lord Donaldson al Parlamento (1997), se transformó completamente el modelo de emergencias marítimas británico, creándose la figura del SOSREP *(Secretary of State's Representative Salvage & Intervention)*.

[18] Se citan a continuación las bases de datos más relevantes: Lloyd's Maritime Information Services (LMIS) database; IMO's database –Marine Accident Reporting Scheme (Mars); Marine Accident Investigation Branch (MAIB), Reino Unido; Marine Incident Investigation Unit (MIIU), Australia; Marine Investigation for Safety and Law Enforcement (MISLE), EEUU; Marine Casualty Database (DAMA), Noruega.

Capítulo 4

La teoría de los riesgos

1 Riesgo

De acuerdo con las directrices de la OMI para la evaluación formal de la seguridad *(Formal Safety Assessment* o EFS/FSA) (MSC Circ. 1023), «riesgo es la combinación de la frecuencia y la gravedad de las consecuencias». Esta es la definición más utilizada en la actualidad en materia de gestión de riesgos. De acuerdo con ella, el riesgo asociado a un evento accidental es la combinación de la probabilidad de que ese evento suceda y la magnitud de su consecuencia. El riesgo total al que está sometida una actividad dada la probabilidad de i eventos accidentales (en un periodo de tiempo determinado) es la suma del riesgo asociado a cada evento accidental.

$$R_i = Prob\ (E_i) \otimes [\pi_1(C_1/Ei),\ \pi2(C_2/Ei),\ldots],$$

donde $\otimes$ es un factor multiplicativo.

La palabra evento se utiliza para referirse al evento concreto bajo análisis entre todos aquellos que forman la cadena de eventos que se suceden después del inicial. Para cada uno de esos eventos, según Christos A. Kontovas (2005), puede extraerse el espectro de consecuencias que aparece en la figura 4.1.

Se podría definir, por lo tanto, el espectro de consecuencias de un evento como el listado de sus consecuencias potenciales y las probabilidades asociadas al mismo. Como norma general, para esto solo se tienen en cuenta las consecuencias indeseadas. Así pues, matemáticamente riesgo es:

$$R_i = C_1\,P_1 + C_2\,P_2 + \ldots + C_N P_N = \textstyle\sum_{(i=1)}^{N} Ci\,Pi$$

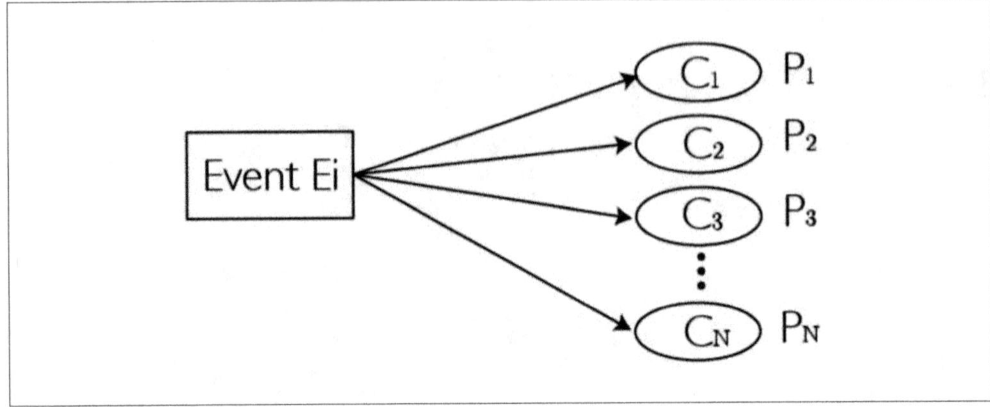

Fuente: Kontovas, C. A. (2005)[1]

Figura 4.1. Espectro de consecuencias para un evento.

Por su parte, de acuerdo al glosario de términos utilizado por los miembros de la Asociación Internacional de las Sociedades de Clasificación *(International Association of Classification Societies* o IACS), riesgo es «una medida de la probabilidad de que un evento indeseable suceda junto con la medida de las consecuencias resultantes en un tiempo determinado».[2]

Es importante diferenciar el análisis de riesgos en dos bloques fundamentales:

- **La evaluación del riesgo:** identificar, evaluar y medir la probabilidad y gravedad de los riesgos.
- **La gestión del riesgo:** la toma de decisiones sobre qué hacer con los riesgos una vez han sido identificados.

Asimismo, los análisis de riesgos pueden ser cualitativos y cuantitativos. Mientras que los primeros utilizan términos amplios para identificar y evaluar los riesgos (leve, moderado, grave…) presentando una descripción escrita de los mismos, los segundos calculan las probabilidades numéricas de las posibles consecuencias.[3]

---

[1] Kontovas, C.A. (2005), «Formal Safety Assessment: Critical Review and Future Role».

[2] IACS (2012), «A Guide to Risk Assessment in Ship Operations», disponible en www.iacs.org.uk/download/1927.

[3] Rausand, M. *Risk Assessment: Theory, Methods, and Applications (Statistics in Practice)*, Ed. Wiley, 2011 (ISBN: 978-0-470-63764-7).

1.1 Análisis cuantitativo de riesgos

El análisis cuantitativo del riesgo, denominado también análisis probabilístico del riesgo o evaluación probabilística del riesgo, trata de evaluar numéricamente las probabilidades de las consecuencias potenciales del riesgo. Este análisis a menudo describe las consecuencias en unidades numéricas, como unidades monetarias, tiempo o vidas humanas. Según Stanley Kaplan y B. John Garrick, el análisis cuantitativo busca la respuesta a tres preguntas fundamentales (1981):[4]

1. ¿Qué puede ocurrir?
2. ¿Qué probabilidades hay de que ocurra?
3. Si ocurre, ¿cuáles son las consecuencias?

Por lo tanto, el riesgo (R) puede representarse como una terna del modo:

$$R = \{<s_i,\ p_i,\ c_i>\},$$

donde:

$i\ = 1, 2, 3…n.$
s_i = escenario.
p_i = probabilidad de que se dé ese escenario.
c_i = las consecuencias en caso de que se dé ese escenario.
N = número de escenarios.

Es un análisis del tipo de distribución probabilística sobre las consecuencias. A pesar de que la ciencia actuarial ha utilizado las probabilidades para valorar los riesgos durante más de un siglo, el análisis probabilístico de los riesgos como modo de investigación en sí mismo se desarrolló inicialmente para analizarlos en ingeniería, especialmente en el ámbito nuclear y aeroespacial. Más recientemente, también se ha aplicado a otras áreas como las empresas, el cambio climático, la salud o la seguridad alimentaria. Últimamente y con el incremento de la preocupación social por el terrorismo internacional, la

[4] Kaplan, S., Garrick, B. J. (1981), «On The Quantitative Definition of Risk», disponible en https://onlinelibrary.wiley.com/doi/abs/10.1111/j.1539-6924.1981.tb01350.x.

teoría de juegos se ha convertido en una herramienta cuantitativa para analizar los riesgos de enemigos inteligentes que intentan hacer daño a un sistema social establecido.[5]

1.2 Análisis cualitativo de riesgos

El análisis cualitativo de riesgos, a falta de valores precisos para la probabilidad y las consecuencias, asigna clasificaciones relativas y amplias a la probabilidad y las consecuencias inherentes de cada riesgo, sin construir un modelo matemático preciso, como ocurre en el caso del análisis cuantitativo. Un modelo cualitativo muy recurrente es la matriz de riesgos, que cruza las clasificaciones de probabilidad de ocurrencia con las clasificaciones de severidad de las consecuencias de la ocurrencia para así determinar una clasificación amplia del nivel de riesgo bajo el principio general de que mayor probabilidad y mayor severidad implican mayor riesgo. Las matrices de riesgo son a veces clasificadas como métodos pseudocuantitativos, ya que sus clasificaciones pueden ser representadas de manera numérica (por ejemplo, en el caso de una probabilidad de ocurrencia «poco probable», la asignación numérica varía entre 0,1 y 0,3).

Los análisis cualitativos o pseudocuantitativos de riesgos han sido muy criticados por no obedecer a reglas matemáticas y no jerarquizar los riesgos de manera correcta. A pesar de su aspecto riguroso, generan una falsa sensación de seguridad para aquellas organizaciones que confían en estas metodologías para su gestión de riesgos. La aproximación cuantitativa genera una base mucho más sólida a la hora de establecer una correcta gestión de los riesgos.

---

[5] La teoría de juegos es un área de la matemática aplicada que utiliza modelos para estudiar las interacciones en estructuras formalizadas de incentivos (los llamados juegos). Se ha convertido en una herramienta muy importante en la teoría económica y ha servido también para comprender mejor el comportamiento humano en la toma de decisiones. En sus comienzos fue empleada como herramienta para comprender el comportamiento de la economía y experimentó un desarrollo y crecimiento sustanciales gracias a los trabajos de John von Neumann, Oskar Morgenstern y especialmente de John Nash (*Equilibrium points in n-person games*, 1950) antes y durante la Guerra Fría, debido a su aplicación en estrategia militar, en particular a causa del concepto de destrucción mutua garantizada. A raíz de juegos como el dilema del prisionero, en los que el egoísmo generalizado perjudica a los jugadores, la teoría de juegos ha suscitado también la atención de los investigadores en informática y se utiliza hoy en inteligencia artificial y cibernética.

2   La teoría matemática del análisis de riesgos

El teorema de Bayes, que fue tachado de ser completamente acientífico hasta la década de 1980, se considera muy fiable en la actualidad, cuando se dispone de gran cantidad de datos. Algo similar sucede con la «teoría del valor extremo» desarrollada en la década de 1920, que suscitó escepticismo durante mucho tiempo. En cambio, hoy se utiliza en áreas tan diversas como la planificación del riesgo financiero y la seguridad marítima. Además, es el elemento instrumental esencial de la «teoría de la decisión», en cuanto permite delimitar la incertidumbre a partir de información incompleta.

2.1   Teorema de Bayes

En la teoría de la probabilidad, el teorema de Thomas Bayes expresa la probabilidad condicional de un evento aleatorio A dado B en términos de la distribución de probabilidad condicional del evento B dado A y la distribución de probabilidad marginal de sólo A.

El teorema de Bayes fue planteado por el matemático británico Thomas Bayes en su obra *An Essay Towards Solving a Problem in the Doctrine of Chances* (1763) y posteriormente desarrollado por el físico y matemático francés Pierre-Simon du Laplace quien publicó la formulación moderna del mismo en su *Theorie analytique des probabilités*[6] (1812). Finalmente, en el siglo XX, el matemático, estadístico, geofísico y astrónomo británico Harold Jeffreys estableció una base axiomática para el algoritmo de Bayes y la formulación de Laplace y consideró el teorema de Bayes como una aportación a la teoría de la probabilidad similar a la del teorema de Pitágoras a la geometría.

En términos más generales y menos matemáticos, el teorema de Bayes es de enorme relevancia puesto que vincula la probabilidad de A dado B con la probabilidad de B dado A. En base a la definición de probabilidad condicionada, obtenemos la fórmula de Bayes, también conocida como la regla de Bayes:

$$P(A_i/B) = \frac{P(B/A_i)P(A_i)}{\sum_{k=1}^{N} P(B/A_k)P(A_k)}$$

[6] La teoría de la probabilidad es una rama de las matemáticas que estudia los fenómenos aleatorios y estocásticos.

Esta fórmula nos permite calcular la probabilidad condicional *P(A$_i$ /B)* de cualquiera de los eventos *P(Ai)*, dado *B*. El teorema de Bayes es válido en todas las aplicaciones de la teoría de la probabilidad.

Sin embargo, existe una controversia sobre el tipo de probabilidades que emplea. En esencia, los seguidores de la estadística tradicional solo admiten probabilidades basadas en experimentos repetibles y que tengan una confirmación empírica, mientras que los denominados estadísticos bayesianos permiten probabilidades subjetivas. El teorema puede servir entonces para indicar cómo debemos modificar nuestras probabilidades subjetivas cuando recibimos información adicional de un experimento. La estadística bayesiana está demostrando su utilidad en ciertas estimaciones basadas en el conocimiento subjetivo a priori. El hecho de permitir revisar esas estimaciones en función de la evidencia empírica está abriendo nuevas formas de producir conocimiento. Esta técnica estadística permite evaluar al mismo tiempo varios escenarios, incluso contradictorios, para hallar la opción de mayor probabilidad.

La estadística bayesiana, al contrario que la de frecuencia que se fundamenta en la idea de cuantificar la probabilidad de un suceso a partir de la frecuencia relativa de aparición, parte de la noción de que la probabilidad representa el grado de creencia que otorgamos al suceso en cuestión. Durante la Segunda Guerra Mundial, esto se consideraba demasiado subjetivo y poco científico. Sin embargo, fue empleada por Alan Turing para descubrir el tráfico de los submarinos alemanes a partir del descifrado de Enigma, el sistema de cifrado de la armada alemana. Los excelentes resultados que ha proporcionado esta aproximación bayesiana en innumerables problemas del mundo real han servido para constatar su supremacía sobre la aproximación basada en la frecuencia.

En 2009 las autoridades implicadas en la búsqueda del vuelo 447 desaparecido de Air France se basaron en un sistema bayesiano para dar con la caja negra del Airbus. Se transformó toda la información sobre corrientes marítimas, fenómenos meteorológicos y accidentes anteriores para dar con el aparato. En el caso del vuelo de Air France, se tenía la certeza de que el avión había caído en un radio de 40 millas de la última localización transmitida por el sistema de seguridad de la aeronave. Algo similar sucedió con el MH 370 de Malasyan Air Lines, desaparecido en un radio de más de 20.000 millas cuadradas en una remota zona del sur del océano Índico. Parece, pues, obvia la utilidad de las matemáticas bayesianas en las operaciones de búsqueda y rescate.

2.2 Teoría del valor extremo

La teoría del valor extremo consiste en un conjunto de técnicas estadísticas para la identificación y modelización de los máximos o mínimos de una variable aleatoria.

Está relacionada con aspectos probabilísticos y estadísticos vinculados con valores muy altos o muy bajos en una sucesión de variables aleatorias.

Los modelos fundamentales de esta teoría fueron definidos por Richard Edler von Mises y Boris Vladimirovich Gnedenko (1948), aunque en 1928 habían dado un enunciado Ronald Fisher y L. H. C. Tippett. El teorema Fischer-Tippett-Gnedenko llevó al desarrollo de la distribución asintótica para modelizar máximos (o mínimos), denominada distribución generalizada del valor extremo (GEVD). Existen dos aproximaciones para poner en práctica el análisis del valor extremo.

- **Método de series de máximos anuales** *(annual maxima series* o AMS)*
  Consiste en la derivación de una serie de valores máximos como paso preliminar. En muchas situaciones es habitual y conveniente extraer la máxima anual, generando una serie de máximos en un período de tiempo determinado, que se puede establecer en un año. Para aplicar método AMS, el análisis puede fundamentarse en parte en los resultados de teorema Fischer-Tippett-Gnedenko, lo que lleva a seleccionar la distribución generalizada de los valores extremos. En la práctica se aplican varios procedimientos para la selección entre una gama más amplia de distribuciones. El teorema en este caso se refiere a las distribuciones límite para el mínimo o máximo de una serie de valores aleatorios independientes de la misma distribución. Dado que el número de eventos aleatorios relevantes en un período (por ejemplo, de un año) puede ser limitado, no es sorprendente que el análisis de los datos AMS conduzca a menudo a una selección de distribuciones distintas de la distribución generalizada del valor extremo.

- **Método del valor pico sobre el umbral** *(peak over threshold* o POT)*
  Consiste en extraer, en base a un registro continuo, los valores pico alcanzados durante un periodo de tiempo dado que exceden de un límite determinado. En el método POT, el análisis puede implicar la adaptación de dos distribuciones: una para el número de eventos en un período de tiempo considerado y otra para el valor del exceso de los picos con respecto al límite. Una suposición frecuente para el primero de los casos es la distribución de Poisson,[7] mientras

---

[7] En teoría de probabilidad y estadística, la distribución de Poisson es una distribución de probabilidad discreta que expresa, a partir de una frecuencia de ocurrencia media, la probabilidad de que se produzca un determinado número de eventos durante cierto período de tiempo. Concretamente, se especializa en la probabilidad de ocurrencia de sucesos con probabilidades muy pequeñas, o sucesos «raros» n (distribución de Poisson).

que para los excesos se utiliza la distribución generalizada de Pareto,[8] esto es, el segundo de los casos.

La esencia de la teoría del valor extremo radica en el concepto de «distribución», una fórmula matemática que da la frecuencia relativa de una cantidad particular. Los métodos de esta teoría también se están utilizando para resolver siniestros marítimos. En 1980, el buque *Derbyshire* se hundió en Japón, con sus 44 tripulantes, a causa de un tifón. Durante años se cuestionó si el barco fue víctima de un diseño defectuoso o si la causa fue una deficiente navegación, conclusión a la que se llegó en 1997 en la investigación pública. Tres años después, una segunda investigación exoneró a la tripulación, después de que el profesor Tawn y la doctora Hefferman, de la Universidad de Lancaster, descubrieran la causa real: una ola inesperada y violenta que destrozó la escotilla de popa del barco. De resultas de la investigación se recomendó que se reforzaran sustancialmente las escotillas para afrontar tales sucesos.

3   La doctrina científica

El teorema de Bayes o de la probabilidad inversa es considerado muy fiable. Las redes y las inferencias bayesianas son el método matemático más utilizado en el tratamiento del riesgo marítimo, por encima de las teorías del valor extremo, la simulación de Monte Carlo o las cadenas de Markov. Sin embargo, cada vez se utilizan más redes neuronales y lógica difusa, aunque por ahora no proporcionen los resultados de las redes e inferencias bayesianas. La estadística bayesiana tiene tres características que la hacen sumamente interesante y atractiva: una construcción axiomática, una sola regla de decisión y, sobre todo, una solución única para determinados problemas.

La aplicación de las matemáticas bayesianas en el análisis del riesgo marítimo tiene hoy muchos defensores, entre ellos la propia OMI. La que más ha destacado en este campo ha sido la escuela noruega con una obra fundamental, *Maritime Transportation: Safety Management and Risk Analysis* de Svein Kristiansen.[9]

---

[8] En estadística la distribución de Pareto es una distribución de probabilidad continua con dos parámetros, que tiene aplicaciones en disciplinas como sociología, geofísica y economía.

[9] Véase Kristiansen, S., en *Maritime Transportation: Safety Management and Risk Analysis*, Ed. Routledge, 2004. El profesor Kristiansen dispone de una web personal (www.ntnu.edu/employees/svein.kristiansen) y es una referencia imprescindible en la gestión de riesgo y la seguridad y en el análisis de siniestros a partir de redes bayesianas.

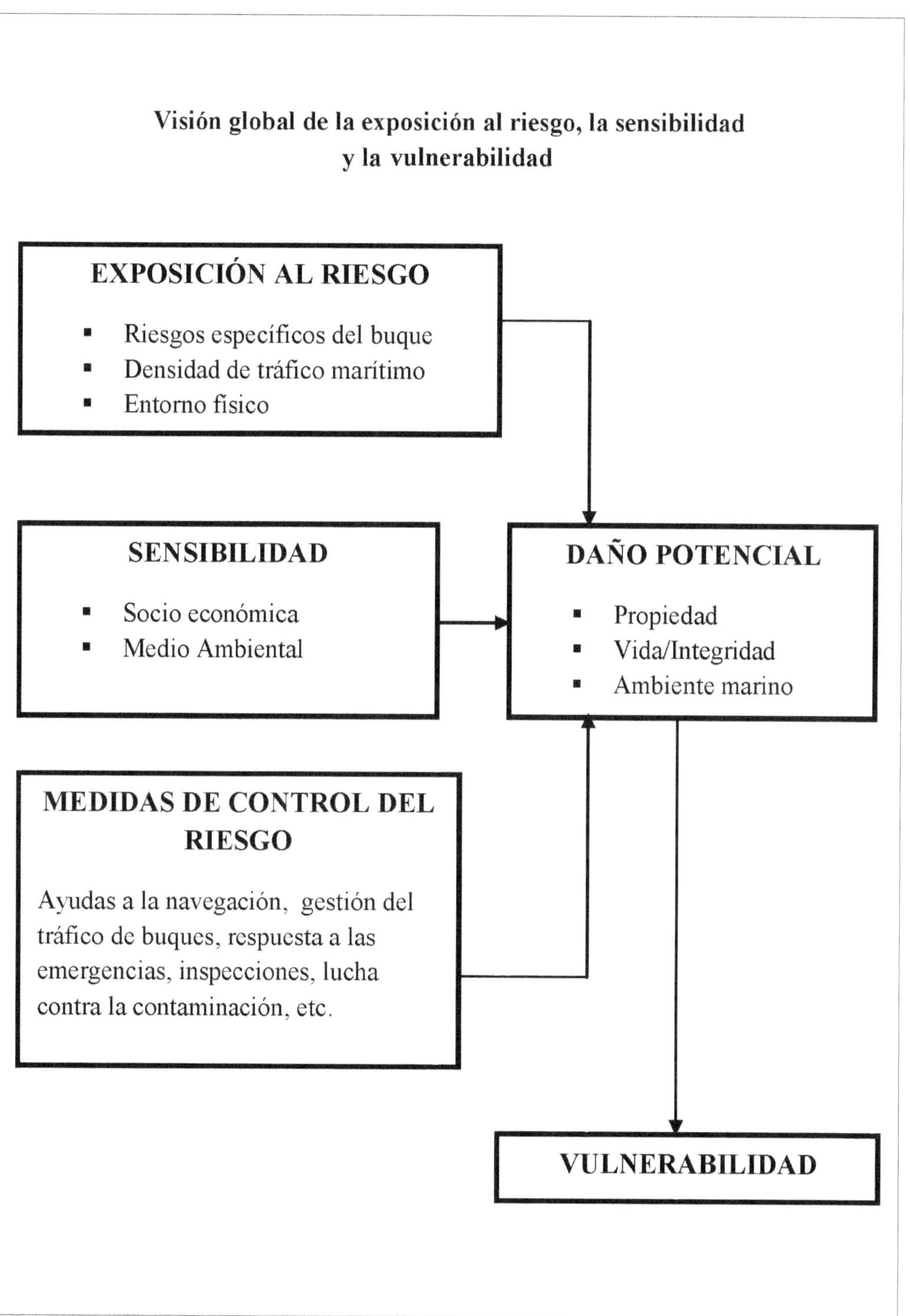

Figura 4.2. Relación entre riesgo, sensibilidad, control del riesgo y vulnerabilidad.

Desde una perspectiva econométrica pero con influencias bayesianas, destacan los trabajos de la profesora Sabine Knapp, entre ellos *An integrated risk estimation methodology: Ship specific incident type risk;* y *The Econometrics of Maritime Safety: Recommendations to Enhance Safety at Sea.*[10]

Como hemos señalado, aunque con carácter experimental, se utilizan técnicas de lógica difusa o borrosa, que se basan en lo relativo de lo observado como posición diferencial. Este tipo de lógica toma dos valores aleatorios, pero contextualizados y referidos entre sí. Los sistemas basados en lógica difusa imitan la forma de tomar decisiones los seres humanos, con la ventaja de que son mucho más rápidos. Brindan excelentes resultados y se pueden completar con redes neuronales. Sin embargo, en el momento actual las inferencias bayesianas siguen siendo superiores en la modelización de riesgos y como técnica instrumental para la toma de decisiones. En el ámbito específico de la aplicación de la lógica difusa a la seguridad marítima, destacan las aportaciones de los autores chinos.[11]

Estos y otros autores han influido poderosamente los trabajos de la comunidad marítima y de manera particular en la OMI, que ha valorado los nuevos avances en el análisis de riesgos, pero también ha reconocido sus limitaciones, y los ha integrado en un instrumento mucho más completo y complejo: la evaluación formal de seguridad.

---

[10] Gran parte de los trabajos de profesora Sabine Knapp, de la Erasmus School of Economics de Rotterdam, se pueden encontrar en su web personal (people.few.eur.nl/knapp). A partir de modelos matemáticos establece vínculos estadísticos entre todos los actores de la actividad marítima: relación entre el control estatal del puerto y los accidentes marítimos, modelización del riesgo, análisis sectoriales, etc.

[11] Véase Sii, H. S., Wang J., Ruxton T., en «Novel risk assessment techniques for maritime safety management system», *International Journal of Quality & Reliability Management,* 2001, emeraldinsight.com.; «A Fuzzy-Logic-Based Approach to Subjective Safety Modelling for Maritime Products», en *Journal of Marine Engineering & Technology,* 2004.

Capítulo 5

La evaluación formal de seguridad (EFS)

Como respuesta al desastre de la *Piper Alpha* en 1988 (plataforma petrolífera que explotó en el Mar del Norte causando la muerte de 167 personas) y a partir del informe de Lord Carver presentado en el Parlamento, la MCA *(Marine Coast Guard Agency)* propuso a la OMI una aproximación más científica a la investigación de los accidentes marítimos. Fruto de ello fue la Resolución MSC 62, que dio lugar a la primera guía provisional de 1997 y, tras un periodo de evaluación, a las actuales guías de 5 de abril de 2002 y las sucesivas, en el proceso de creación de nuevas normas de la OMI. Se partía de una perspectiva previa al siniestro y con una mentalidad proactiva en la gestión de la seguridad marítima.[1] Tal planteamiento supuso una nueva cultura de la seguridad marítima, que se colocaba antes el siniestro y no después.

El Comité de Seguridad Marítima de la OMI aprobó las enmiendas a las anteriormente citadas guías sobre el uso de la evaluación formal de seguridad (EFS) o *formal safety assessment* (FSA) en el proceso de creación de nuevas normas de la OMI.

La OMI describe la evaluación formal de seguridad como una metodología estructurada y sistemática, que tiene como objetivo de reforzar la seguridad marítima, incluyendo la protección de la vida humana, la salud, el medioambiente marino y la propiedad, utilizando el análisis de riesgos y la valoración del coste de sus beneficios. Además, la evaluación formal de seguridad se emplea como instrumento de

---

[1] Después de una guía provisional de 1997, se aprobó la guía actual: *The Guidelines for Formal Safety Assessment (FSA) for use in the IMO rule-making process* (MSC Circular 1023 and MEPC Circular 392, 5, abril de 2002) (MSC Circular 1023 and MEPC Circular 392, 5 abril de 2002). Dicha guía fue enmendada parcialmente en 2005 (MSC/Circular1180-MEPC/Circular 474) y en 2006 (MSC-MEPC.2/Circular 5). La última versión de 2013 se puede consultar en http://research.dnv.com/skj/IMO/MSCMEPC%202_Circ%20 12%20FSA%20Guidelines%20Rev%20III.pdf.

evaluación de las nuevas regulaciones de seguridad marítima y de protección del medioambiente marino, así como en la comparación entre las reglas existentes y las posibles reglas mejoradas.

Utilizar la investigación de siniestros marítimos como único método de prevención es una opción demasiado simple y reduccionista, que no encajaba en la mentalidad proactiva en la gestión de la seguridad marítima. La evaluación formal de seguridad tiene en cuenta los riesgos y su análisis en la gestión de la seguridad, e igualmente aprovecha la información derivada de los accidentes. Surge como un instrumento diferente de lucha contra la los siniestros marítimos. No se trata de corregir las causas de un siniestro en particular, que por otra parte es prácticamente imposible que se vuelva a repetir. La cuestión es evitar que esas causas se lleguen a producir antes de que el siniestro pueda suceder. Además, permite hacer una evaluación racional y trasparente en el proceso de creación de nuevas normas y reglas de seguridad marítima, incluyendo expresamente una valoración de coste o potenciales beneficios de la nueva normativa. Además, justifica de forma trasparente las medidas propuestas y permite compararlas con otras opciones posibles.

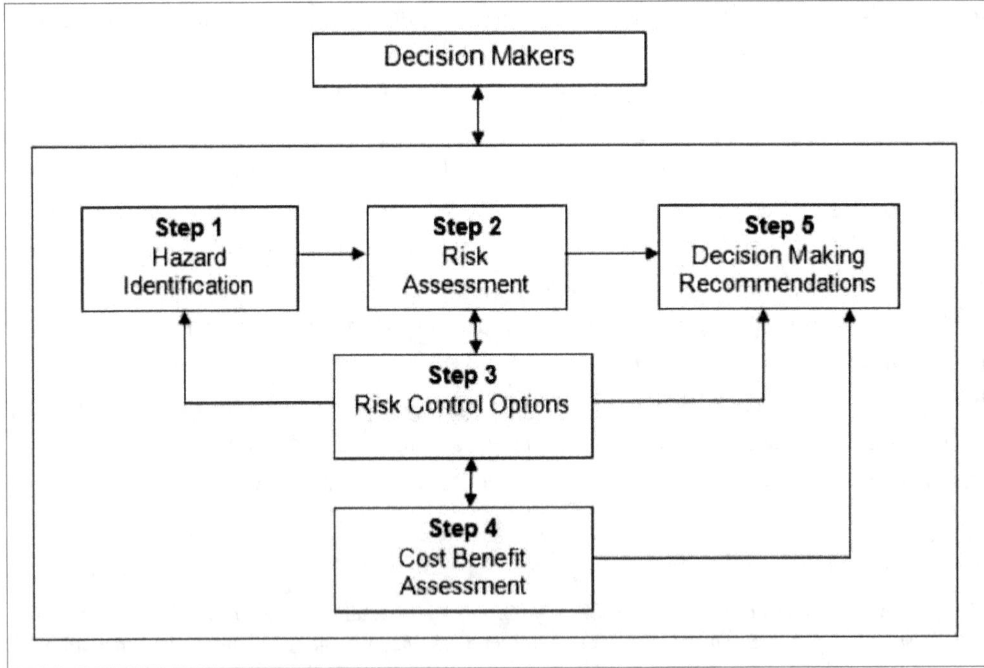

Fuente: OMI, MSC Circular 1023.

Figura 5.1. Diagrama de la evaluación formal de seguridad.

La experiencia obtenida fruto de las aplicaciones prácticas puestas en marcha desde 1997 dio como resultado la MSC/Circ 1023 y MEPC/Circ. 392 de 5 de abril de 2002, directrices relativas a la evaluación formal de seguridad en el proceso normativo de la OMI. Las directrices fueron adoptadas en el MSC 74 y MEPC 47.

De acuerdo a las directrices (1.3.1), la metodología de la evaluación formal de seguridad puede ser aplicada por:

- «Un Estado miembro o una organización que tenga carácter consultivo ante la OMI cuando se propongan enmiendas a instrumentos de la OMI relacionados con la seguridad marítima y la prevención de la contaminación y la lucha contra esta, a fin de analizar las consecuencias de dichas propuestas».

- «Un comité o un órgano auxiliar designado, a fin de que aporte un criterio equilibrado en el marco general reglamentario para establecer las prioridades y los aspectos de interés y analizar los beneficios y las consecuencias de los cambios propuestos».

Esta necesidad de una actitud proactiva viene siendo discutida desde hace tiempo. Parece que la evaluación formal de la seguridad se posiciona como el método de evaluación de las nuevas regulaciones en materia de seguridad marítima y de

	Fases		Aproximación en curso
1	Identificación de riesgos	¿Qué podría ir mal?	¿Qué fue mal?
2	Análisis de riesgos, frecuencias, posibilidades y consecuencias	¿Qué frecuencia? ¿Qué probabilidad? ¿Qué magnitud?	
3	Identificación de opciones de control del riesgo	¿Cómo se pueden mejorar las cosas?	¿Qué se debería haber hecho para mejorar la situación?
4	Evaluación del coste de los beneficios	¿Cuánto cuesta? ¿Cuánto se mejora?	
5	Recomendaciones	¿Qué acciones vale la pena iniciar?	¿Qué acciones se deben tomar?

Tabla 5.1. Explicación conceptual proceso de evaluación formal de seguridad.

protección del medio ambiente marino, y en esos términos, ha sido considerada como el principal instrumento científico en el desarrollo de la regulación proactiva en materia de seguridad marítima.

De acuerdo con la *Guía OMI* (MSC Circular 1023), «riesgo es la combinación de la frecuencia con la gravedad de la consecuencia». Se distingue:

- **Análisis de riesgos *(risk analysis):*** es el uso sistemático de la información disponible para identificar los peligros y estimar el riesgo para las personas, los bienes o el medio ambiente.

- **Evaluación de riesgos *(risk assessment):*** es revisar la aceptabilidad de riesgo que se ha analizado y evaluado, basándose en la comparación con los estándares o criterios que definen la tolerabilidad al riesgo.

- **Gestión de riesgos *(risk management):*** es la aplicación de la evaluación con la intención de informar el proceso de toma de decisiones con las medidas de reducción del riesgo adecuadas y su posible implementación.

Se pueden distinguir cinco fases en la aplicación de la evaluación formal de seguridad se que se exponen en la figura 5.2.[2,3]

1 Fase preliminar

La IACS añade un paso preliminar en el desarrollo de la evaluación formal de seguridad, que, entre otras tareas, incluye:

- Un estudio del ámbito de aplicación: tamaño del buque, tipo, categorías de siniestros para el tipo de buque, condiciones operacionales, etc.
- Un estudio del sistema y las características específicas de operación del buque.

---

[2] Puede verse una exposición completa del proceso en la tesis doctoral de Kontovas, K., *Formal Safety Assessment: Critical Review and Future Role,* trabajo sistemático sobre las guías OMI, disponible en http://www.martrans.org/cvkontovas2.htm, Laboratory for Maritime Transport, 2005, National Technical University of Athens.

[3] Véase en Royal Institution of Naval Architects todos los estudios sobre evaluación formal de seguridad por tipología de buques: www.rina.org.uk/article801.html. Igualmente SAFEDOR, disponible en http://www. safedor.org/resources/index.htm#iacs.

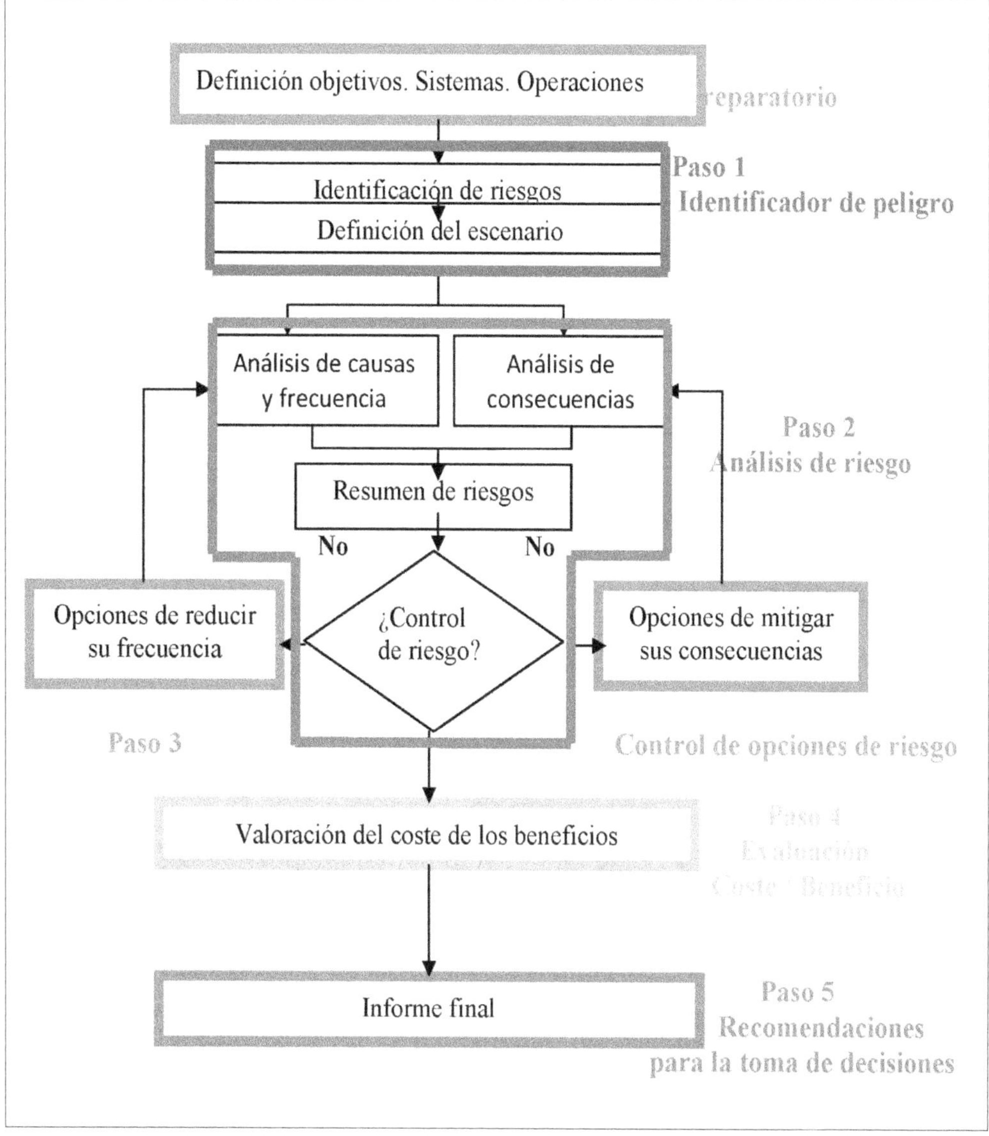

Figura 5.2. Diagrama completo de la evaluación formal de seguridad.

- Un estudio de los tipos de riesgo: para la vida humana, para el medio ambiente marino y para la propiedad.
- Una elaboración de criterios de aceptación de riesgo, es decir, cuál es el límite de riesgo admisible.
- La recolección de otros datos que puedan ser necesarios para el estudio.

2   Fase 1. Identificación de riesgos

Esta primera etapa tiene mucho que ver con la confección de un esquema o lista de ítems. Un equipo multidisciplinar de expertos se reúne e identifica de forma sistemática todos los riesgos potenciales y relevantes. El hecho de que en el equipo haya diferentes expertos multidisciplinares amplía el alcance de la identificación de riesgos aportando más variedad y precisión. Este planteamiento metodológico, a modo de «tormenta de ideas», puede ser complementado con análisis bayesianos o de lógica difusa.[4]

Conviene advertir que en esta primera etapa de identificación de riesgos resulta muy útil la información procedente de las bases de datos derivadas de la investigación de accidentes marítimos anteriormente comentadas.

En esta primera fase también se hace un análisis superficial de posibles escenarios desarrollados a partir de los riesgos identificados, las posibles causas del riesgo, las posibles acciones mitigantes o preventivas y la probabilidad de que se haga realidad el escenario o riesgo.

En la literatura anglosajona se emplean las expresiones HAZID *(hazard identification)* y HAZOP *(hazard operarability)* para el análisis funcional de operatividad (AFO). La última está más centrada en los aspectos operativos y el chequeo de sistemas. Finalmente, se ordenan los riesgos y escenarios y se establece un orden de prioridades.

Para identificar los riesgos relevantes se puede utilizar una combinación de ejercicios analíticos y creativos. Se reúne el equipo multidisciplinar y se hace un planteamiento metodológico a modo de tormenta de ideas para asegurar que el proceso sea proactivo y no limitado únicamente al análisis de riesgos o peligros asociados a eventualidades investigadas en el pasado.

Muchos estudios han utilizado de manera general el análisis de datos históricos procedentes de diferentes bases de datos de accidentes. Ciertamente, si se dispone de datos históricos se pueden hacer los perfiles de riesgos sin tener que imaginar un escenario hipotético. No obstante, la utilización de los datos históricos tiene algunas desventajas. La más importante (según reconoce la propia OMI) es que la filosofía del uso de datos históricos no es proactiva y, por lo tanto, no puede ser utilizada para nuevos diseños ni para valorar los efectos de las nuevas implantaciones en ma-

---

[4] G. N. Dourmas, N. V., Nikitakos, M. A., Lambrou, «A methodology for rating and ranking hazards at formal safety assessment using fuzzy logic», Archives of Transport, vol. 19, 2007. Disponible en http://www.gnedenko-forum.org/Journal/2008/RATA_2_2008.pdf#page=52.

teria de control de riesgos, al necesitar que ocurran nuevos accidentes para generar suficientes datos.

Otro problema derivado del uso de los datos históricos está relacionado con la manera en que las bases de datos de accidentes están estructuradas y la información que contienen. Muchas de ellas son más útiles para la incorporación de datos estadísticos y menos para llegar a las conclusiones de la causa real del accidente y la secuencia de eventos que conducen a él. Estas últimas pueden llegar a ser muy difíciles de determinar en tanto en cuanto es posible que el accidente objeto de la investigación tarde años en dirimirse, sin entrar en que el proceso juridicial podría igualmente dilatarse mucho en el tiempo.

Los modelos probabilísticos de fallos y la creación de escenarios se convierten así en una alternativa muy útil. Hay que tener en cuenta que este modelo se incluye como alternativa en las directrices de la OMI sobre el evaluación formal de la seguridad, al igual que una gran variedad de métodos formales como los árboles de fallos o los árboles de eventos, entre otros.

En las directrices OMI sobre la evaluación formal de la seguridad el concepto de «frecuencia» adquiere una posición preponderante, considerándose como «la combinación de frecuencia y la severidad de la consecuencia». Por su parte, la definición de riesgo que aparece en los análisis de decisión se presenta como la combinación de probabilidad de ocurrencia y la severidad de la consecuencia.

Aunque las dos definiciones parecen similares, no lo son. Frecuencia no es lo mismo que probabilidad, y cero colisiones en un puerto no es lo mismo que la probabilidad de colisión sea cero. Solo si la muestra de eventos tomada es lo suficientemente amplia, se puede asimilar su frecuencia a la probabilidad, caso que no se da en los eventos extraordinarios o aislados para los que no hay suficientes datos como para calcular su frecuencia. Por ejemplo:

- ¿Cuál es la probabilidad de accidentes si se implementan las normas conjuntas sobre petroleros propuestas por la IACS?
- ¿Cuál es la probabilidad de colisión en un canal si se implementa un sistema de separación de tráfico?

En estos casos, no es posible calcular la frecuencia, ya que no disponemos de datos. ¿Significa esto que no existen probabilidades relevantes? Resulta evidente que no. Algunos investigadores, como ya se ha comentado, han sugerido utilizar la matemática bayesana para la estimación de la probabilidad de sucesos de eventos de los que hay muy pocos o incluso ningún dato como para estimar su frecuencia. En las aproximaciones bayesianas la distribución probabilística de una variable desconocida es sistemáticamente actualizada desde una distribución anterior (que es subjetiva) y mediante observaciones del valor de dicha variable (objetiva).

2.1 Clasificación de los peligros

El segundo objetivo de este primer paso de la evaluación formal de la seguridad o HAZID es el de clasificar los peligros y descartar los escenarios menos significativos. Normalmente la clasificación se lleva a cabo utilizando los datos disponibles y con un modelo elaborado por especialistas. Para ello, el grupo de expertos multidisciplinar clasifica los riesgos asociados a cada escenario comenzando por los más graves.

La consideración explícita de las frecuencias y las consecuencias de los peligros se evalúan normalmente con las llamadas matrices de riesgo.

- **Matriz de riesgo OMI**
  La matriz de riesgo de la OMI se emplea para clasificar el riesgo en función de su significación. Se utiliza una matriz para categorizar las dimensiones de la frecuencia y las consecuencias. Cada peligro se asume a una categoría de fre-

IF	Frecuencia	Gravedad (IG)			
		1	2	3	4
		Menor	Significante	Grave	Catastrófico
7	Frecuente	8	9	10	11
6		7	8	9	10
5	Razonablemente probable	6	7	8	9
4		5	6	7	8
3	Remoto	4	5	6	7
2		3	4	5	6
1	Extremadamente remoto	2	3	4	5

Elaborado con datos de MSC Circ. 1023, Kontovas y Psaraftis, *Formal Safety Assessment: A Critical Review*, 2009.

Tabla 5.2. Índice de riesgo.

cuencia y consecuencia. La matriz de riesgo genera, por lo tanto, una manera de evaluar o clasificar el riesgo asociada al peligro. Analíticamente la OMI ha introducido una matriz de riesgo de 7 × 4, reflejando la gran variación potencial de las frecuencias con respecto a las consecuencias. Para facilitar la clasificación y su validación, los índices de frecuencia y consecuencia se definen en escalas logarítmicas. El llamado índice de riesgo se establece añadiéndole los índices de frecuencia y consecuencia.

$$\text{Riesgo = Probabilidad} \times \text{Consecuencia}$$
$$\text{Log (Riesgo) = Log (Probabilidad) + Log (Consecuencia)}$$

$$\textbf{Í}\text{ndice de } \textbf{R}\text{iesgo} = \textbf{Í}\text{ndice de } \textbf{F}\text{recuencia} + \textbf{Í}\text{ndice de } \textbf{G}\text{ravedad}$$

Por lo tanto, la matriz de riesgo puede construirse para todas las combinaciones de los índices de frecuencia y gravedad.

2.2 Equipo de expertos

La función de los expertos es valorar los riesgos asociados a diferentes escenarios o establecer la frecuencia y gravedad de los peligros. En los estudios evaluación formal de la seguridad se recomienda la creación de un grupo multinacional de expertos, que además intervenga en la identificación de riesgos HAZID. La idea del equipo de expertos contribuirá a que la OMI pueda fundamentar sus decisiones en una serie de resultados y recomendaciones internacionalmente reconocidas y ampliamente consensuadas.

La creación de este grupo de expertos multinacional en evaluación formal de la seguridad, aunque no sea fácil para los estados miembros, puede ayudar a establecer y a crear un entorno de trabajo con «equilibrio geográfico, de género y disciplinario». El tamaño óptimo de un grupo de expertos suele ser diez miembros.

El documento MSC 80/7 establece los procedimientos para el nombramiento y selección de los grupos de expertos. A propuesta de la OMI, los estados miembros nombran expertos independientes en materia de evaluación formal de la seguridad con credibilidad científica y experiencia profesional contrastada para incluirlos en grupos de trabajo a disposición de la Secretaría de la OMI y el MSC o cualquier otro comité que formalmente haya de establecerlos para un proyecto determinado.

2.3   *Coeficiente de concordancia o acuerdo*

Para destacar la transparencia del resultado, cuando un grupo de expertos tiene como cometido el clasificar objetos de acuerdo a un atributo utilizando números naturales de 1 a J (por ejemplo, clasificación de una lista de peligros), la clasificación resultante debería estar acompañada por un coeficiente de concordancia que indique el nivel de acuerdo entre los expertos. Esta medida ha sido propuesta por la IACS (documento MSC 78/19/3), pero nunca ha sido puesta en práctica en estudios evaluación formal de la seguridad remitidos a la OMI a pesar de que la propia organización también la incluye en sus directrices EFS.

Supongamos un número de expertos (*J*, en total) a los que ha sido encomendada la labor de clasificar un determinado número de escenarios de accidentes (*I* escenarios) usando números naturales *(1, 2, 3...I)*. El experto *j* tiene, por consiguiente, asignado el rango x_{ij} al escenario *i*. El coeficiente de concordancia W^5 podría ser entonces calculado mediante la fórmula:

$$W = \frac{12 \sum_{i=1}^{i=I}[\sum_{j=1}^{j=J} x_{ij} - \frac{1}{2} J(I + 1)]^2}{J^2(I^3 - I)}$$

El coeficiente *W* varía de 0 a 1, donde *W* = 0 indica que no hay acuerdo entre los expertos, y *W* = 1 indica que todos los expertos clasifican los escenarios de la misma manera.

Siguiendo a Christos A Kontovas y Harilaos N Psaraftis en su «Formal Safety Assessment: A Critical Review» (2009), vamos a llamar barrido extremo al intercambio de valores de los dos peligros extremos realizado por un experto. Supongamos un experto que clasifica un peligro de la manera más severa (10) mientras que el resto lo hace de la manera más insignificante (1); y asimismo clasifica como más insignificante el que otros califican como más severo. Esta situación puede ser muy poco frecuente, pero no debemos ignorarla.

La figura 5.3 muestra la sensibilidad del coeficiente de concordancia *W* en un barrido extremo cuando el número de peligros que serán clasificados varía de

---

[5] La fórmula dada para el coeficiente de concordancia es la utilizada para el cálculo del coeficiente de Kendall (W), una de las técnicas no paramétricas para medir el grado de correlación entre las variables de una muestra. Es útil para determinar el grado de acuerdo entre varios jueces o la asociación entre tres o más variables. Por eso, en la prueba estadística el coeficiente de concordancia o concordancia de Kendall proporciona el valor que permite decidir el nivel de concordancia entre los expertos.

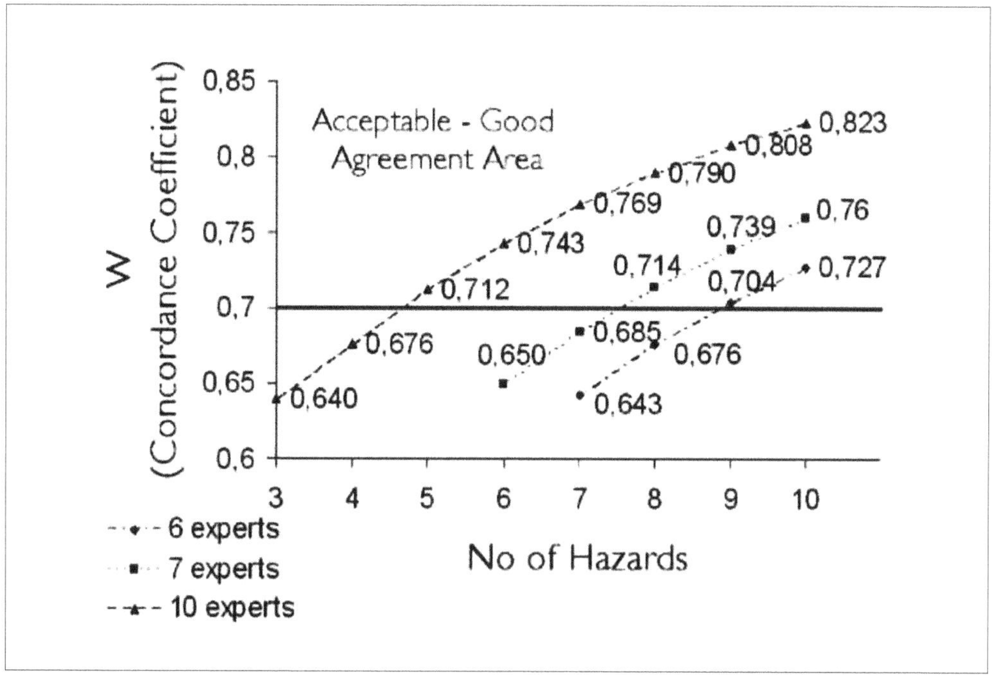

Fuente: Kontovas y Psaraftis, «Formal Safety Assessment: A Critical Review» (2009).

Figura 5.3. Coeficiente de concordancia en un barrido extremo.

3 a 10 y el número de expertos es 6 (curva inferior), 7 (curva intermedia) o 10 (curva superior). La figura muestra que *W* es una función que se incrementa en relación al número de expertos por cada número dado de peligros; esto indica que, cuantos más expertos haya, mejor. Por el contrario, cuantos más peligros hayan de ser clasificados, menos expertos habrán de ser utilizados para alcanzar un cierto nivel de *W*.

Los autores sugieren utilizar los métodos más en boga en la actualidad para la identificación de peligros *(Hazard and Operability Studies* o HAZOP, *The Structured What-If Checklist* o SWIFT, *Checklist Analysis,* etc.) y, además, otorgar una clasificación para cada peligro (para lo cual se recomiendan las matrices de riesgo).

Luego, se debería poner en práctica una prueba estadística como el coeficiente de concordancia propuesto por la IACS para probar la transparencia de la clasificación. Se recomienda que el mínimo aceptable del coeficiente *W* sea 0,7 (en lugar del 0,5 que propone la IACS) y que el grupo de expertos cuente con al menos diez miembros, para dar un buen soporte a dicho coeficiente, incluso en casos de barrido extremo.

3 Fase 2: valoración del riesgo

Los riesgos y los escenarios identificados y priorizados en la fase 1 son analizados en profundidad. Se consideran dos análisis distintos en esta fase 2: el de causas y frecuencia del riesgo, y el de las posibles consecuencias del riesgo. Para el análisis de causas y frecuencia del riesgo se suele utilizar el análisis en árbol de causas *(fault tree analysis)* ya comentado anteriormente. Consiste en tomar un fallo y hacer el desglose de posibles causas, como se puede observar en el ejemplo de la figura 5.4.

En un análisis real se efectuaría un listado completo de los posibles fallos del GPS y, a su vez, cada una de las causas debería ir provista de las causas que la han provocado. Más adelante correspondería hacer un análisis sobre la afectación del fallo del GPS en la integridad del buque.

El análisis de consecuencias se realiza según se representa en la figura 5.5.

Una vez realizados estos dos análisis, el riesgo ya ha sido establecido y debe ser valorado para responder a la pregunta final de esta fase.

Con carácter ilustrativo, el riesgo de personas se trata como riesgo individual (RI). Hace referencia al riesgo de muerte, lesión y salud frágil que experimenta un individuo en una localización concreta. Sería, por ejemplo, el caso de un miembro de la tripulación, de un pasajero de un navío o incluso de terceras partes que podrían verse afectadas por un accidente de este. Normalmente, el riesgo individual se concibe como el riesgo de muerte y está determinado por el individuo más expuesto o desprotegido. Este riesgo es específico en lo que a persona y ubicación se refiere, y se expresa como:

$$RI_{\text{para persona }Y} = F_{\text{del suceso indeseado}} \times P_{\text{para persona }Y} \times E_{\text{de persona }Y}$$

donde:

- F = frecuencia.
- P = probabilidad de la causalidad resultante.
- E = exposición fraccionaria a ese riesgo.

Los diagramas de influencia o *regulatory influence diagramns* (RID's) se utilizan para modelizar la red de sucesos que influencian un evento. De esta manera, se relacionan los fallos a niveles operacionales con las causas directas y con los elementos influyentes del mismo a nivel organizacional y regulatorio.

La aproximación RID (como nos referiremos a ella en lo sucesivo) se deriva de los análisis de decisión y es una variación de la metodología de diagramas de influen-

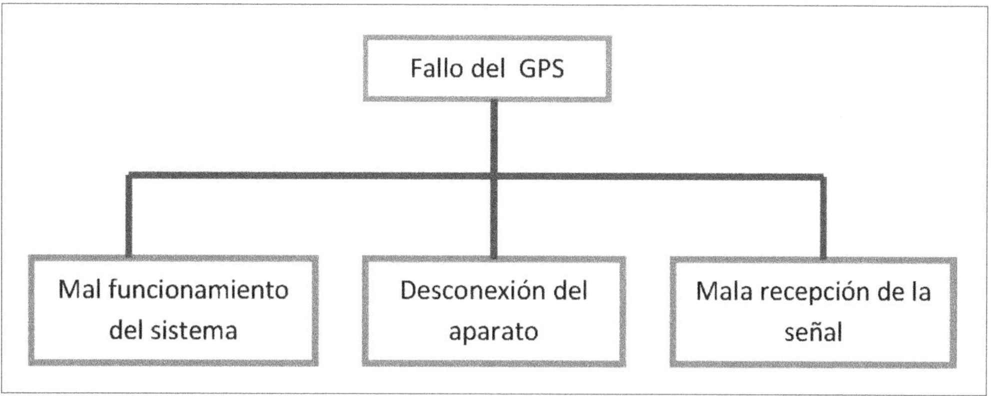

Figura 5.4. Ejemplo de análisis del fallo mediante un árbol de causas.

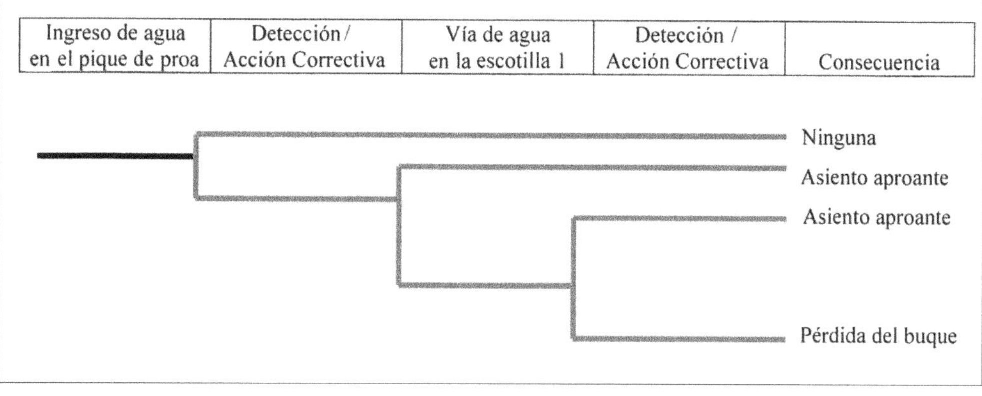

Figura 5.5. Análisis de consecuencias.

cia utilizada en gestión de riesgos por otros sectores industriales. En tanto en cuanto los diagramas de influencia reconocen que los perfiles de riesgos son influenciados, por ejemplo, por los seres humanos, los aspectos regulatorios y los organizacionales, podemos tener una comprensión holística del problema objeto del análisis.

A pesar de todo, desde que la OMI adoptó las directrices en evaluación formal de la seguridad (MSC Circ. 829), los RID solo ha sido utilizados en un estudio de prueba sobre embarcaciones de alta velocidad realizado a propuesta del Reino Unido y Suecia (MSC 69/14/4) y cuestionado por muchos dentro del proceso de evaluación formal de la seguridad. Tanto es así, que incluso Italia propuso en la MSC 71/14 de febrero de 1999 eliminar su referencia en el epígrafe 5.3 de las directrices evaluación formal de la seguridad o bien clarificar su uso en los pasos 2 y 4. Como respuesta a esto, el Reino Unido remitió un documento (MSC 72/16/1 de marzo de 2000) en el que se proporcionaba una guía sumarial para el uso de las RID. A raíz de ello, la referencia las RID fue incluida finalmente en la Circ. 1023, pero no es una metodología utilizada ampliamente dentro del proceso evaluación formal de la seguridad.

El riesgo asociado a un incidente se puede evaluar y cuantificar construyendo un diagrama llamado «árbol de contribución al riesgo», que se basa en los datos del accidente y la evaluación y juicio de los expertos. Los árboles de fallos y los árboles de eventos son las técnicas más ampliamente utilizadas para el desarrollo de los diagramas de contribución al riesgo dentro de los estudios basados en evaluación formal de la seguridad. Ambas técnicas pueden ser empleadas también para la identificación de riesgos (paso 1), pero solo se aprovecha realmente todo su potencial en este paso.

3.1 Estimación de la frecuencia de la ocurrencia

La estimación del riesgo relativo a un peligro identificado comienza con una estimación de la frecuencia. Como norma general existen dos métodos para llevarla a cabo: mediante la estadística y a través de modelos. Ambas metodologías han sido históricamente utilizadas en los diferentes estudios EFS que se han remitido a la OMI desde la puesta en práctica de la evaluación formal de seguridad. La más utilizada ha sido la primera, que consiste en una estimación numérica basada en datos históricos. La segunda, por su parte, se desarrolla utilizando índices de frecuencia. En ambos casos resulta de vital importancia para su correcta interpretación que los resultados sean valorados por expertos. En muchos estudios EFS la frecuencia viene dada por la siguiente fracción:

$$F = \frac{N\acute{u}mero\ de\ sucesos}{a\~nos - buque}$$

En el primer método la estadística solo representa hechos pasados y no tiene en cuenta datos recientes o incluso futuros desarrollos potenciales. Además, muchos de los estudios EFS remitidos a la OMI cuantifican las consecuencias de las pérdidas potenciales de vidas (PLL o *potential loss of life),* que en las directrices EFS se definen mediante la siguiente ecuación:

$$PLL = \frac{N\acute{u}mero\ de\ fatalidades}{a\~nos - buque}$$

Además de la definición anterior, existen otras dos: una de ellas, es la proporción media de fatalidades por unidad económica de producción, la cual podemos diferenciar en:

– Para los trabajadores/tripulación:

$$PLL = q \times EV, \text{ donde } q = \frac{\textit{Número de fatalidades laborales}}{GNP}$$

– Para los pasajeros:

$$PLL = r \times EV, \text{ donde } r = \frac{\textit{Número de fatalidades debido al transporte}}{\textit{Contribución al GNP del transporte}},$$

donde EV es el valor económico de la actividad y GNP el producto interior bruto (*Gross National Product*).

Quizás la definición más interesante de las tres sea la que relaciona el PLL con las curvas F-N (que se verán más adelante y que resultan una herramienta muy útil para establecer los riesgos sociales y sus criterios de aceptación). De acuerdo a esto, el PLL se define mediante la siguiente ecuación:

$$PLL = \sum_{N=1}^{Nu} N \times fN = F1 \left(1 + \sum_{N=1}^{Nu-1} \frac{1}{N+1}\right) = F1 \times \sum_{N=1}^{Nu-1} \frac{1}{N}$$

Donde:

N_u = límite superior del número de pérdidas que pueden dares en un accidente.
f_N = frecuencia de la recurrencia de un accidente que supone N pérdidas.
F_1 = frecuencia de accidentes que implican una o más pérdidas.

4   Fase 3: opciones de control del riesgo

Este paso trata de aportar medidas para prevenir el inicio y el progreso de un accidente. De acuerdo con la filosofía de la evaluación formal de seguridad, los esfuerzos se centrarán en prevenir y no mitigar las consecuencias del siniestro (véase la figura 5.6).

De acuerdo a las directrices OMI sobre la evaluación formal de la seguridad, la tercera fase tiene como objeto proponer unas opciones de control del riesgo

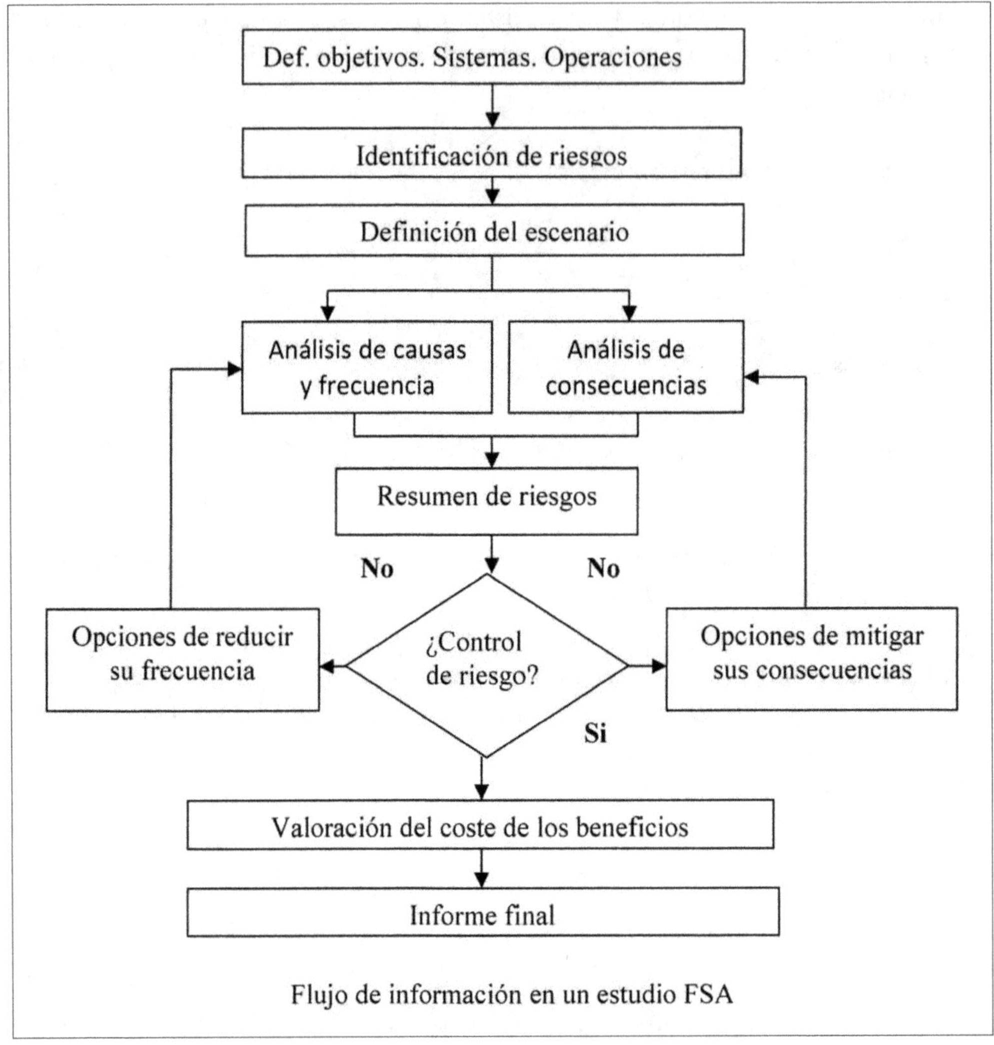

Figura 5.6. Flujo de información en la evaluación formal de seguridad.

(Risk Control Options o *RCO's)* efectivas y prácticas que comprendan las siguientes cuatro fases:

1. Focalizarse en las áreas de riesgo que necesitan control.
2. Identificar las medidas de control de los riesgos potenciales *(Risk Control Measures* o *RCM's)*.
3. Evaluar la efectividad de las medidas de control de los riesgos potenciales para disminuir el riesgo volviendo a evaluar el paso 2.

4. Agrupar las medidas de control de los riesgos potenciales en opciones regulatorias prácticas.

El resultado de esta fase de la evaluación formal de la seguridad es una lista de opciones de control del riesgo que se analizará en función de su coste y su efectividad. En muchos casos, el proceso de la toma de decisiones de la evaluación formal de la seguridad está fundamentado solo en la implementación de una opción de control del riesgo. En el caso de que se introduzcan de manera simultánea dos o más opciones de control del riesgo, el cálculo de la reducción del riesgo y el de coste y efectividad no es tan sencillo.

En el siguiente paso se analizan las opciones de control del riesgo que o bien reducen el riesgo a una relación aceptable o disminuyen esa proporción considerablemente. En este paso se procede a la estimación de la reducción del riesgo (ΔR) asociado a cada opción de control del riesgo. Lo que se define como nivel de riesgo aceptable se comentará más adelante. En cualquier caso, el modelado ha de ser utilizado siempre que sea posible, y los analistas no deben confiar solo y exclusivamente en los datos históricos.

Esta etapa, por lo tanto, depende en gran medida de la opinión de los expertos. Dar una estimación numérica de la reducción del riesgo acorde a datos históricos no puede ser proactiva en toda la amplitud de la palabra y en la mayoría de los casos sería cuestionable. La predicción de la reducción del riesgo fundamentada en la opinión de un experto puede ser también cuestionable, incluso si se consigue con técnicas fiables como la que utiliza la ayuda de un software como Delphi (Documento MEPC 58/INF.2, EFS para buques tanque).[6]

En relación a las opciones de control del riesgo, la IACS estudió en 2004 su interacción en el documento MSC 78/19/1 y propuso, como mínimo, una evaluación cuantitativa de su dependencia. Más tarde, en 2006, en la sesión 81 de la MSC, se discutió el tema de la interdependencia de las opciones de control del riesgo y cómo manipularla. Los estudios recomiendan examinar muy cuidadosamente las interdependencias de las opciones de control del riesgo y se sugiere incluir una combinación razonable de las mismas. Y esto es así porque la inclusión de más de una al mismo tiempo ha resultado ser mejor en términos de reducción de riesgo y de coste.

---

[6] Delphi es un entorno de desarrollo de *software* diseñado para la programación de propósito general con énfasis en la programación visual. Utiliza como leguaje de programación una versión moderna de Pascal llamada Object Pascal. Es producido comercialmente por la empresa estadounidense CodeGear, adquirida por Embarcadero Technologies.

Cualquier medida de control de riesgos debería apuntar, al menos, a una de las siguientes:

- Reducir la frecuencia de los fallos.
- Mitigar el efecto del fallo.
- Aliviar las circunstancias en las cuales el fallo suele ocurrir.
- Mitigar las consecuencias de los accidentes.

El uso de las cadenas causales no está muy extendido en la actualidad a pesar de que se hizo extensivo después de la adopción de las directrices de la evaluación formal de la seguridad por parte de la OMI.

En cualquier caso, el instrumento más útil son los diagramas de contribución al riesgo explicados en el paso anterior. Es evidente que en muchos casos, la identificación de las medidas se hace estudiando en profundidad árboles de fallos y árboles de eventos, ya que muestran, de manera muy comprensible, las frecuencias y las consecuencias que hay que evitar.

Existen varios índices para expresar la efectividad de una opción de control del riesgo, pero en la actualidad solo uno se utiliza de manera masiva en los estudios EFS, el llamado coste de evitar una fatalidad *(Cost of Averting a Fatality* o CAF), que puede ser expresado de dos maneras:

- Coste bruto de evitar una fatalidad *(Gross Cost of averting a fatality* o GCAF):

$$GCAF = \frac{\Delta C}{\Delta R}$$

- Coste neto de evitar una fatalidad *(Net Cost of averting a fatality* o NCAF):

$$NCAF = \frac{\Delta C - \Delta B}{\Delta R}$$

donde:

ΔC = coste por buque de las opciones de control del riesgo en consideración.

ΔB = beneficio económico por buque resultante de la implementación del RCO.

ΔR = reducción del riesgo por buque, en términos de número de fatalidades evitadas.

Ha de tenerse en cuenta que, en este paso, la reducción del riesgo (o ΔR) no está medida como antes, esto es, como el producto de la probabilidad por la consecuencia, sino en términos de la reducción del número esperado de fatalidades una vez se establece una opción de control del riesgo específica. Esto implica una perspectiva un poco más reducida en el sentido de que, al menos por el momento, y en este paso, solo se consideran las consecuencias que conllevan fatalidades. En la actualidad se está intentando extender esta aproximación a las consecuencias medioambientales.

En la reducción del riesgo definida como hemos visto, subyace una asunción implícita a esta aproximación que es necesario comentar. Ello es, ni más ni menos, que es una manera fiable de calcular la aproximación del riesgo para una opción de control del riesgo específica. El número esperado de fatalidades en un accidente marítimo puede ser dependiente de factores muy difíciles o imposibles de cuantificar y modelar, como la formación de la tripulación, su estado de salud, la localización de la tripulación en el interior del buque en el momento del siniestro y otros muchos.

4.1 Criterio de los tres millones de dólares

El criterio dominante en todos los estudios EFS adoptados por la OMI hasta el momento es el llamado «criterio de los tres millones de dólares», tal y como se describe en el documento MSC 79/19/2. De acuerdo al mismo, para recomendar la implementación de una opción de control del riesgo, el resultado del valor del CAF (la suma del neto y del bruto) ha de ser menor de tres millones de dólares. Si no es así, la opción de control del riesgo se descarta.

Para una opción de control del riesgo específica, la fórmula del NCAF es:

$$NCAF = \frac{\Delta C - \Delta B}{\Delta R} < \$3m \Rightarrow \Delta C - \Delta B < 3m\,\Delta R$$

Esto significa que, para adoptar una opción de control del riesgo, las tres variables ΔC, ΔB y ΔR tienen que satisfacer lo siguiente:

$$\Delta C < \$3m\,(\Delta R + \Delta B)$$

Si esto es así, se recomendará adoptar la opción de control del riesgo propuesta y si no, rechazarla.

Para el caso del criterio del GCAF, el equivalente es más sencillo:

$$\Delta C < \$3m\ \Delta R$$

Puede darse que $\Delta B > 0$ (una situación razonable si la opción de control del riesgo cuestionada se traduce en beneficios económicos), entonces si la opción de control del riesgo satisface el criterio GFAC $(\Delta C < \$3m\ \Delta R)$, satisfará siempre también el criterio NCAF $(\Delta C < \$3m\ (\Delta R + \Delta B))$. En tal sentido el criterio GCAF está por encima del criterio NCAF, pero no siempre sucederá lo opuesto. Quizá a resultas de esta propiedad, muchos analistas de evaluación formal de la seguridad han propuesto que se ha de dar la prioridad al GCAF.

Una cuestión importante es cómo se aplican estos criterios si hay más de una opción de control del riesgo. La última tarea de este paso es el clasificar las opciones de control del riesgo usando una perspectiva coste-beneficio para facilitar las recomendaciones de la toma de decisiones. Muy a menudo, los CAF se utilizan de manera que resulta sencilla su clasificación. A menor CAF de una opción de control del riesgo, mayor prioridad se le debe de dar a su implementación.

Cuando GCAF y NCAF son positivos, sus significados son entendibles. En cambio, cuando el valor del NCAF se vuelve negativo, su interpretación puede ser más difícil. De hecho, se han llevado a cabo estudios para la interpretación de una opción de control del riesgo con NCAF negativo.

$$NCAF = \frac{\Delta C - \Delta B}{\Delta R} < 0 \Rightarrow \Delta C - \Delta B \Rightarrow \Delta C < \Delta B$$

Un NCAF negativo significa que los beneficios en unidades monetarias son mayores que los costes asociados a la opción de control del riesgo. Como se propone en el documento MSC 76/5/12, cuando se comparan opciones de control del riesgo con NCAF negativos, se pueden utilizar los valores absolutos de $\Delta C - \Delta B$.

A pesar de estas recomendaciones, no se han de aplicar los criterios de manera errática. Un ejemplo hipotético es el que se muestra en la tabla 5.3:

En este caso, ambas opciones de control del riesgo son aceptables, ya que tienen el GCAF y el NCAF por debajo de los 3 millones de dólares. También la segunda opción de control del riesgo es superior en términos de ambos criterios a la primera. La segunda reduce los riesgos fatales diez veces más que

	ΔR	$\Delta C(\$m)$	$\Delta B(\$m)$	$GCAF(\$m)$	$NCAF(\$m)$
RCO 1	0,10	0,1	0,09	1,0	0,10
RCO 2	0,01	0,009	0,0085	0,9	0,05

Fuente: Kontovas y Psaraftis, *Formal Safety Assessment: A Critical Review*, 2009.

Tabla 5.3. Ejemplo hipotético que conduce a la selección de la opción
de control del riesgo (RCO) más arriesgada.

la primera, lo cual significa que la opción de control del riesgo que va a ser elegida como la mejor va a reducir el riesgo diez veces menos que la que se rechazará. Para explicar la paradoja, debemos en tener en cuenta que GCAF y NCAF son índices de proporción, por lo que ignoran el valor absoluto de la reducción de riesgo (ΔR) el cual siempre se debería de tener en cuenta como criterio por sí mismo.

5   Fase 4: valoración del coste de los beneficios

Consiste en valorar por separado los costes de implementación de una medida y sus beneficios. Los costes, expresados en términos económicos, normalmente son:

- Inversiones.
- Costes relacionados con la operación.
- Educación, inspección y mantenimiento.
- Cumplimiento de nuevas regulaciones.
- Aplicación de nuevas regulaciones.

Los beneficios se pueden valorar en términos de costes o daños evitados:

- Reducción de la frecuencia de siniestros totales.
- Reducción de la frecuencia de heridos.
- Incremento de la vida útil del buque.
- Reducción de la contaminación del medioambiente marino.
- Reducción de incidentes.

6   Fase 5: recomendaciones en la toma de decisiones

Según las directrices de la OMI: «El objetivo de la etapa 5 es determinar las recomendaciones que se han de presentar a las personas encargadas de tomar las decisiones. Las recomendaciones estarán basadas en la comparación y clasificación de los peligros y de sus causas determinantes, en la comparación y clasificación de las opciones de control de los riesgos en función de los costes y beneficios conexos y en la determinación de las opciones de control de los riesgos que presenten un riesgo lo más bajo posible».

El paso final de una evaluación formal de la seguridad anima a establecer recomendaciones para mejorar la seguridad teniendo en cuenta los resultados de los pasos anteriores. Las opciones de control del riesgo recomendadas deberían reducir el riesgo al «nivel deseado» y ser rentables.

6.1   Nivel de riesgo deseado

Las directrices de la OMI sugieren que han de considerarse los riesgos tanto individuales como sociales para los miembros de la tripulación, los pasajeros y terceras partes. El riego individual puede ser entendido como el que afecta a un individuo aislado y el social como el que afecta a la sociedad (a más de una persona), como consecuencia de un gran accidente. Para poder analizar más a fondo estas categorías de riesgo y sus criterios de aceptación, se deben de conocer primero los niveles de riesgo.

En esta última fase se propone una selección de opciones para el control de riesgos con un coste razonable y efectivo, y se dan unas recomendaciones para reducir el riesgo de la manera más razonable y práctica posible.

El equilibrio entre opciones y sus costos está sometido al principio «tan bajo como sea razonablemente factible» (*As Low As Reasonably Practicable* o ALARP). Este tiene sus orígenes en el derecho inglés, y en particular en la Health and Safety at Work Act 1974, que requiere la provisión y mantenimiento de equipos y sistemas laborales para que sean seguros y sin riesgos para la salud «siempre y cuando sea razonablemente factible» (SFARP, del inglés *so far as is reasonably practicable*). La definición de SFARP en este contexto lleva a reducir los riesgos a un nivel que sea ALARP. Para que un riesgo sea considerado ALARP debe ser posible demostrar que el costo de continuar reduciéndolo es desproporcionado en comparación con el beneficio que se obtendría (véase la figura 5.7).

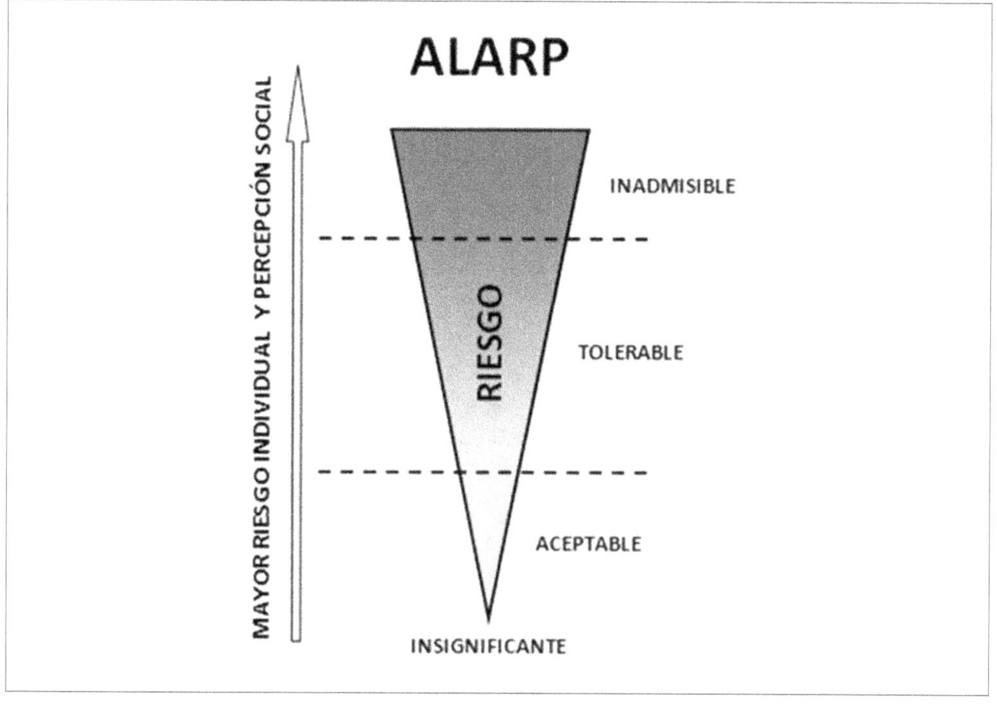

Figura 5.7. Riesgo ALARP.

A la hora de determinar si un riesgo es ALARP, es necesario definir qué significa razonablemente factible. Este estándar jurídico ha formado parte del derecho británico desde el caso de «Edwards contra el Departamento Nacional del Carbón», en 1949.[7] El fallo de este caso fue que el riesgo debe ser insignificante en relación al sacrificio (dinero, tiempo, inconveniencia) necesario para evitarlo. Es decir, que los riesgos deben ser evitados a no ser que la diferencia entre el costo y el beneficio obtenido sea desproporcionada. Este punto de equilibrio ha sido incorporado a la metodología de la evaluación formal de seguridad.

Las figuras 5.8 y 5.9 representan unas tablas ALARP en forma de matriz y su aplicación a distintos tipos de buques (OMI-MSC 72/16).

Estas opciones y recomendaciones se incluirán en un informe que recogerá el alcance del análisis, las limitaciones asumidas y los resultados logrados, con explicaciones que aclaren las conclusiones alcanzadas.

---

[7] Véase *Edwards v. National Coal Board* (1949) All ER 743 (CA).

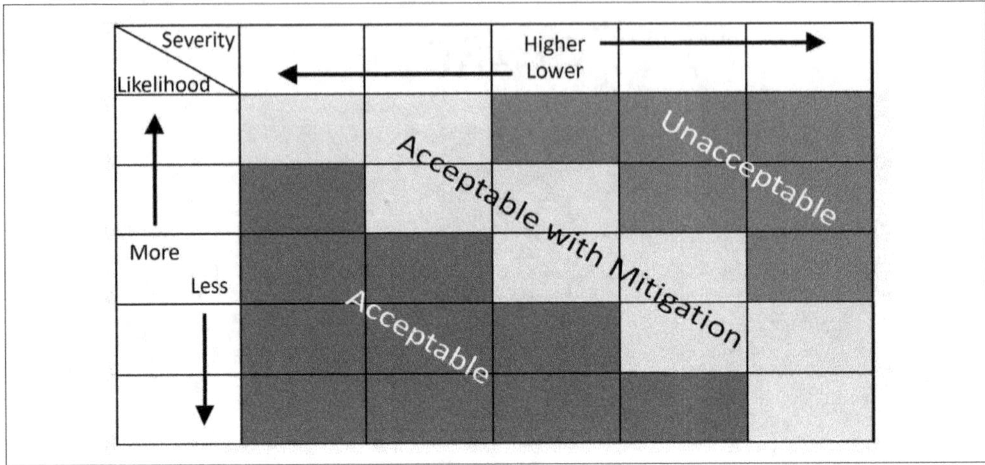

Fuente: UK Health and Safety law.

Figura 5.8. **Matriz ALARP.**

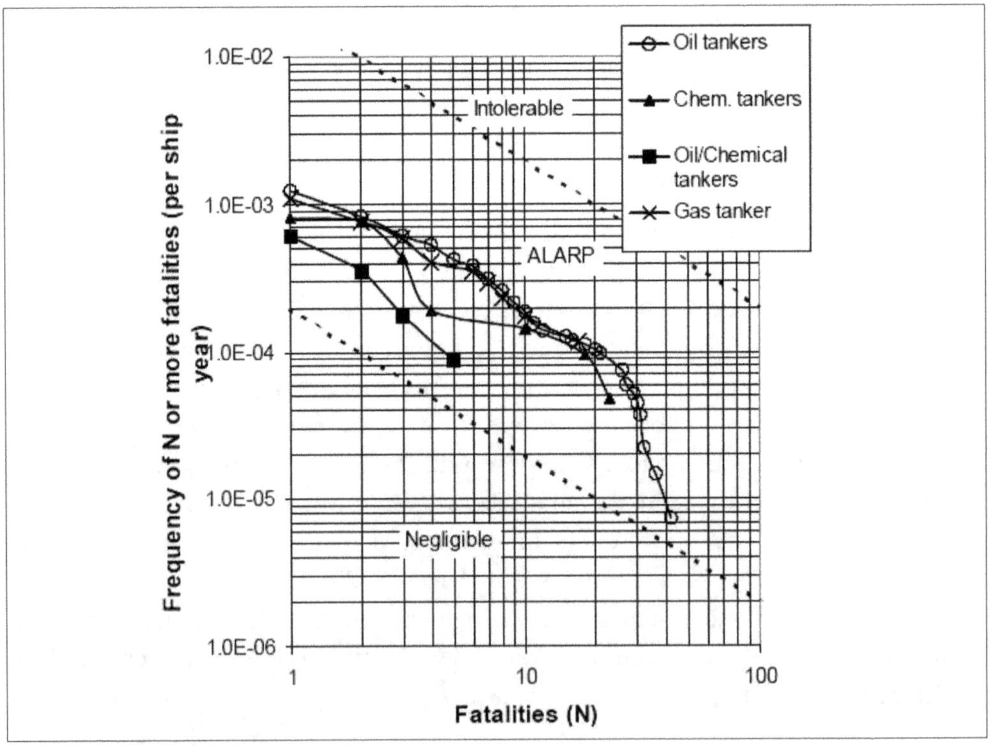

Fuente OMI - Circular MSC 72/16.

Figura 5.9. **Matriz ALARP aplicada a distintos tipos de buques.**

7   Juicio crítico de la evaluación formal de seguridad

La evaluación formal de seguridad, a pesar de su gran formalismo y de ser un proceso complejo, goza de una gran popularidad, y prácticamente todas las universidades marítimas y centros de investigación de todo el mundo llevan a cabo estudios sobre ella. Sin embargo, no es un instrumento «mágico», es decir, no resuelve todos los problemas ni da respuestas a todas las preguntas. En el seno del CSM 79 se ha planteado una analogía con el radar, cuando se pensó que tras su implantación los abordajes desaparecerían. Bien utilizada, la evaluación formal de seguridad es un buen instrumento de comparación de opciones posibles[8] y de análisis racional y trasparente para la creación de normas y el debate legislativo, y desde luego aporta un criterio de proporcionalidad en la gestión de la seguridad. Es muy interesante su influencia en el diseño y la construcción de buques a partir de la identificación de peligros por tipo de buque (HAZID), un aspecto que ha revolucionado la ingeniería naval.[9]

---

[8] Como ejemplo de la evaluación formal de seguridad, la OMI decidió no contemplar la necesidad de una pista de aterrizaje de helicópteros en los buques de pasaje (Convenio SOLAS, cap. III, artículo 28,1). En igual sentido, ha de considerarse la propuesta sobre el doble casco para los buques graneleros. La evaluación formal de seguridad se ha proyectado incluso en el transporte aéreo *(Safety Assessment Methodology*, SAM, de Eurocontrol).

[9] A partir de los trabajos de Safedor (http://www.safedor.org/), consorcio de investigación creado por los astilleros y las sociedades de clasificación en el marco del VI Programa Marco de la UE. Como obra de referencia imprescindible, véase: Papanikolau, A., *Risk-Based Ship Design Methods, tools and applications*, Ed. Springer, 2009.

Capítulo 6

Normas basadas en objetivos
(*goal based standards*, GBS)

Esta noción se introdujo en la OMI durante la 89ª reunión del Consejo en 2002, a propuesta de dos estados miembros, Bahamas y Grecia (C 89/12/1). Con ella, la OMI busca desempeñar un papel más activo en la normativa sobre la construcción de nuevos buques, una responsabilidad atribuida tradicionalmente a las sociedades de clasificación y los astilleros. Conviene recordar, sin embargo, que a pesar de compartir áreas comunes, supone otra orientación conceptual de los proyectos del buque basados en los riesgos (véase lo tratado en el capítulo 3, Resolución OMI MSC 85/5/3).

Se plantea que la OMI debe desarrollar estándares de construcción de buques que permitan diseños innovadores, pero que garanticen al mismo tiempo que los barcos puedan seguir activos durante toda su vida económica (veinticinco años) si se mantienen adecuadamente. Las normas también tendrían que garantizar que se pueda acceder fácilmente a todas las partes de un barco para facilitar su inspección y mantenimiento.

Las normas basadas en objetivos no especifican la manera de garantizar su cumplimiento, sino que establecen unas metas con la posibilidad de utilizar vías alternativas para alcanzarlas. La normativa preceptiva presenta inconvenientes bien conocidos.[1] Las personas que están obligadas a aplicarlas solo tienen que cumplir las obligaciones legales para ser exonerados de su responsabilidad jurídica. Si posteriormente se demuestra que fueron insuficientes para evitar un accidente, la res-

---

[1] Véase Hoppe, H., (OMI) «Normas basadas en objetivos *(GBS, Goal Based Standards):* un nuevo enfoque en la regulación internacional de la construcción de buques», *Boletín Informativo de Anave*, n.º 460, marzo 2007.

ponsabilidad recaería sobre las normas y las personas las establecieron, y no sobre quienes las cumplen. Por otra parte, las normas prescriptivas tienden a ser producto de experiencias pasadas y, como tal, pueden llegar a quedar obsoletas con el paso del tiempo y, lo que es peor, originar riesgos innecesarios en sectores tecnológicamente vanguardistas.

Durante dos años, el tema fue ampliamente discutido en el Comité de Seguridad Marítima (MSC), el Consejo y, finalmente, la Asamblea de la OMI que, en su vigésimo tercer período de sesiones, en 2003, incluyó el tema «nueva normas de construcción de naves basadas en objetivos» en el plan estratégico (A.944 [23]) y el plan de trabajo a largo plazo (A.943 [23]) de la organización.

1   Principios básicos y metodología

Después de discutirlos en profundidad en el plenario y en el grupo de trabajo GBS durante el CSM 79 y el CSM 80, en mayo 2005, se acordaron los principios básicos de las normas basadas en objetivos de la OMI con las siguientes características:

- Deben ser normas amplias, que abarquen cuestiones de seguridad, ambientales o de protección, que los buques tendrán cumplir durante su ciclo de vida.
- Han de constituir el nivel requerido que debe alcanzarse mediante las prescripciones aplicadas por las sociedades de clasificación y otras organizaciones reconocidas, las administraciones y la OMI.
- Deben ser claras, demostrables, verificables, duraderas, aplicables y alcanzables, independientemente del proyecto y la tecnología del buque.
- Han de ser suficientemente explícitas para no dar lugar a interpretaciones diversas.

Se entendía que estos principios básicos estaban pensados para aplicarse a todas las normas de la OMI basadas en objetivos y no solo a las de construcción. Se hizo así en previsión de que, en el futuro, esta organización elaborase normas basadas en objetivos para otras áreas de seguridad como, por ejemplo, maquinaria, equipo, protección contra incendios, etc., así como para zonas de protección en materia de seguridad y medio ambiente, y que todas ellas siguieran los mismos principios. Se acordó continuar con el desarrollo de las normas basadas en objetivos utilizando un enfoque determinista, y al mismo tiempo, estudiar más a fondo el empleo de metodologías basadas en el riesgo en los próximos períodos de sesiones del comité.

Se partía de que la seguridad estructural no puede considerarse de forma aislada, sino que debe formar parte de un marco global.[2]

Tras deliberar sobre el tema, el Comité de Seguridad Marítima (CSM/MSC) 81 acordó limitar el alcance de su examen inicialmente a los buques graneleros y petroleros, y considerar posteriormente su aplicación a otros tipos de buques y las zonas de seguridad.

Para las normas basadas en objetivos aplicables a los buques petroleros y graneleros, se acordó un sistema de cinco niveles:

- **I. Objetivos de seguridad**
  Objetivos de alto nivel que deben cumplir.

- **II. Requisitos funcionales**
  Criterios que deben satisfacer a fin de cumplir con los objetivos.

- **III. Criterios para la verificación del cumplimiento**
  Procedimientos para verificar que las normas y reglamentos para el diseño y construcción de buques se ajusten a los objetivos y requisitos funcionales.

- **IV. Directrices y procedimientos técnicos, incluyendo reglas de clasificación y normas internacionales**
  Requisitos desarrollados por la OMI, las administraciones o las organizaciones reconocidas, y aplicados por las administraciones nacionales o que actúen en su nombre que deben cumplir el diseño y la construcción de un barco, con el fin de que se ajusten a los objetivos y requisitos funcionales.

---

[2] Esta cuestión fue planteada por la industria de los cruceros (2002). En este sentido H. Hoppe, muy en línea con las posiciones de este trabajo *(op. cit.)*, afirma: «Tradicionalmente, los temas relacionados con protección contra incendios, ingeniería naval y otras disciplinas marítimas eran analizados, en la mayoría de los casos, de forma aislada unas de otras y, después de deliberaciones, se desarrollaban las normas prescriptivas de forma independiente para cada área específica de seguridad. Sin embargo, el nuevo enfoque normativo es por naturaleza «holístico» (global) y se dirige a objetivos como: «un buque debe proyectarse con una capacidad de supervivencia tal que, si ocurre un accidente, las personas puedan permanecer a bordo (en una zona segura) mientras el buque se dirige a puerto». El método de trabajo holístico puesto en práctica por el CSM y el deseo de conseguir objetivos globales en vez de un conjunto de normas prescriptivas aisladas ha obligado a otros grupos de trabajo de la OMI a trabajar concertadamente para conseguir esta filosofía orientativa y los objetivos estratégicos mencionados».

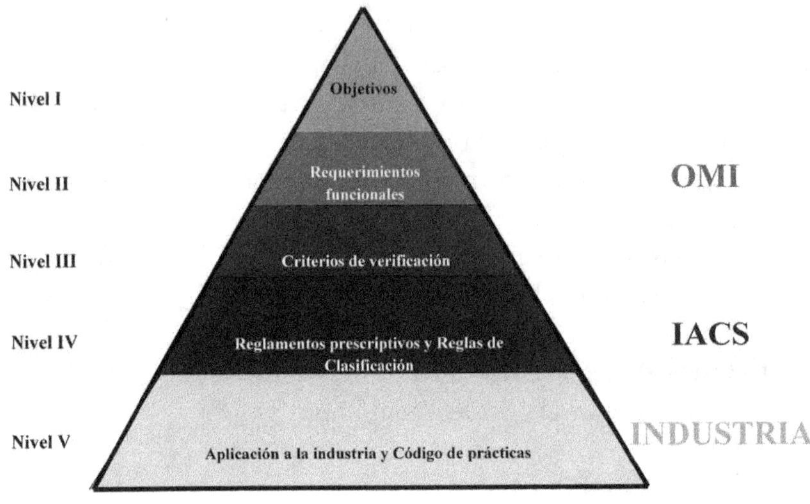

Fuente: Anave.

Figura 6.1. Pirámide con los cinco niveles de las normas basadas en objetivos.

- **V. Prácticas y estándares de la industria**
  Estándares de la industria, códigos de prácticas y sistemas de seguridad y de calidad para la construcción naval, las operaciones del buque, el mantenimiento, la formación, la dotación de personal, etc., que pueden incorporar las normas y los reglamentos para el diseño y la construcción de un buque.

2   Situación actual

Los niveles I a III del sistema de normas basadas en objetivos constituyen el esquema OMI GBS, obligatorio a partir del 1 de enero de 2012, bajo el Convenio SOLAS (nueva regla II-1/3-10). Anteriormente, en el MSC 87 en mayo de 2010, se habían adoptado los siguientes instrumentos

- La nueva regla II-1/ 3-10 «normas basadas en objetivos de construcción de buques graneleros y petroleros» (Resolución MSC.290 [87]).
- Las normas internacionales basadas en objetivos de construcción de graneleros y petroleros (resolución MSC.287 [87]).
- Directrices para la verificación de la conformidad con las normas basadas en objetivos de construcción de buques para graneleros y petroleros (resolución MSC.296 [87]).

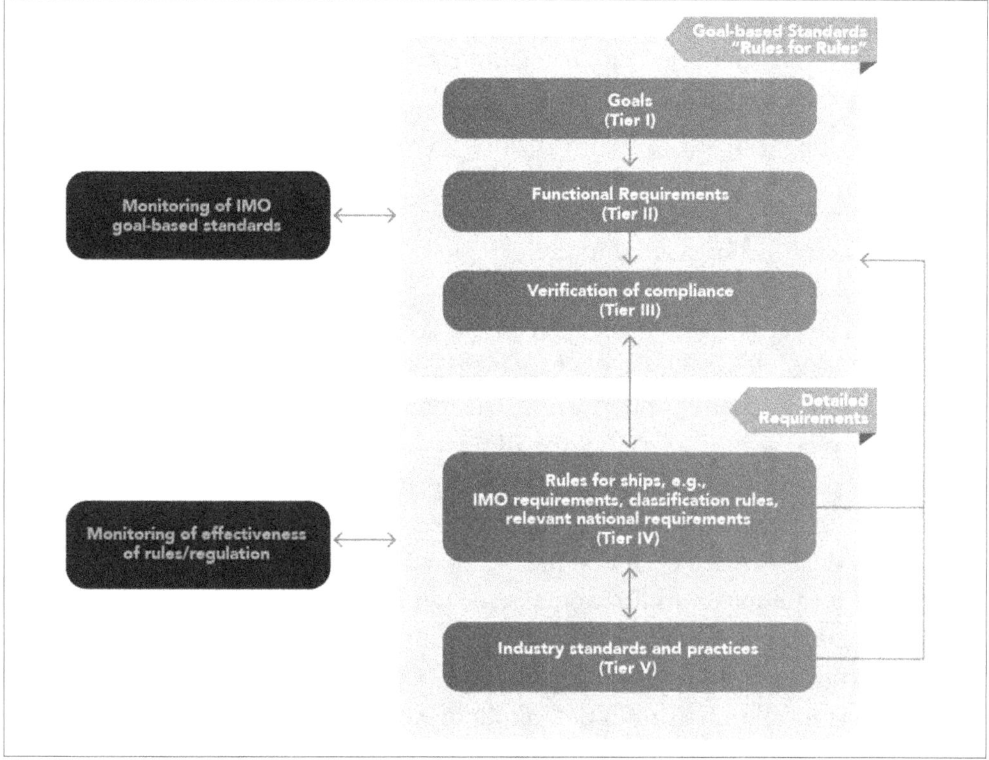

Fuente: *Generic Guidelines for developing IMO Goal-Based Standards. MSC.1/Circ.1394/Rev.1. 22 June 2015.*

Figura 6.2. Esquema del desarrollo de los cinco niveles de las normas basadas en objetivos.

La regla II-1/3-10 establece que las normas basadas en objetivos sean aplicables a los petroleros y graneleros de más 150 m de eslora, con el siguiente calendario:

- Con contrato de construcción a partir del 1 de julio de 2016.
- Sin un contrato de construcción, cuando su quilla haya sido colocada o esté en una etapa similar de construcción a partir del 1 de julio de 2017.
- Que se hayan de entregar a partir del 1 de julio de 2020.

Las nuevas reglas también exigen que se proporcione un archivo de construcción a la entrega de cada nuevo buque y que se lleve a bordo o se disponga de él en tierra.[3]

[3] Véanse también las directrices para la información que deben incluirse en el expediente de construcción del buque (MSC.1, Circular1343).

En el MSC 89 celebrado en mayo de 2011, con el fin de verificar el proceso de elaboración, verificación, ejecución y seguimiento de las normas basadas en objetivos para apoyar el desarrollo normativo de la OMI, se aprobaron las directrices genéricas para elaborar normas basadas en objetivos de la OMI (MSC 1/Circular 1394).

3 Verificación de la conformidad

Los equipos de auditoría de las normas basadas en objetivos internacionales establecidas por el secretario general de la OMI verificarán, de acuerdo con las directrices de verificación, que las normas de construcción de buques de las organizaciones reconocidas o las administraciones marítimas nacionales sean conformes con el sistema GBS. Estas directrices prevén que las organizaciones reconocidas o las administraciones marítimas nacionales presenten sus solicitudes para que se verifiquen sus normas de construcción de buques al secretario general de la OMI, quien las remitirá a los equipos de auditoría que se deban establecer. Los informes finales de los equipos con las recomendaciones pertinentes serán enviados al Comité de Seguridad Marítima para su examen y aprobación.

Para llevar a cabo un estudio de metodologías basadas en el riesgo, el MSC 90 estableció un grupo de correspondencia GBS al que encargó un proyecto de directrices para la aprobación de los equivalentes y alternativas previstas en diversos instrumentos de la OMI, que debe basarse en las directrices para la aprobación de riesgo y diseño de los buques mediante el anexo al documento MSC 86/5/3.

4 Relaciones entre la evaluación formal de seguridad y las normas basadas en objetivos

Las relaciones y complementariedad entre la metodología de la evaluación formal de seguridad y las normas basadas en objetivos pueden analizarse en la tabla 6.1.

5 El futuro del sistema GBS

Aunque se han dado grandes pasos como las Directrices para el Desarrollo de normas basadas en objetivos de la OMI y las Directrices para la verificación de la conformidad, resulta evidente que todavía queda un largo camino para alcanzar un acuerdo general sobre los estándares basados en objetivos aplicables a los buques de nueva construcción.

Normas basadas en objetivos - GBS	Metodología de la evaluación formal de seguridad - FSA
Nivel I (Objetivos)	**Paso 1** Estudio de identificación de peligros (HAZID, *Hazard Identification)* **Paso 2** (Análisis de riesgos)
Nivel II (Requerimientos funcionales)	**Paso 2** (Análisis de riesgo) **Paso 3** Opciones de control de riesgo (RCOs - *Risk Control Options)*
Nivel III (Verificación de cumplimiento)	**Paso 4** (Valoración coste-beneficio) **Paso 5** (Recomendaciones)
Nivel IV (Procedimientos y directrices técnicas, reglas de clasificación y estándares industriales)	**Paso 3** Opciones de control del riesgo (*RCOs Risk Control Options)* **Paso 4** (Valoración de coste-beneficio) **Paso 5** (Recomendaciones)
Nivel V (Códigos de prácticas y sistemas de seguridad y de calidad para la construcción naval, las operaciones del buque, el mantenimiento, la formación, la dotación de personal, etc.)	**Paso 3** Opciones de control del riesgo (*RCOs Risk Control Options)* **Paso 4** (Valoración de coste-beneficio) **Paso 5** (Recomendaciones)

Tabla 6.1. Concordancias entre las normas basadas en objetivos (GBS) y la metodología de la evaluación formal (EFS).

Según Yue Peng, «normalmente el debate sobre el GBS tiene tendencia a quedar encallado en discusiones sobre detalles, sobre métodos y criterios, y si se continua así, la tarea de desarrollar una estructura holística y racional para la normativa puede que sea inalcanzable. Asimismo, puede que haya pasos menos dramáticos que conduzcan de forma gradual hacia un entendimiento común y a un proceso de creación normativa más transparente».[4]

Los futuros proyectos sobre el sistema GBS deben enfocarse principalmente en dos sentidos:

- Aplicación del modelo sobre nivel de seguridad al sistema GBS.
- El botón de seguridad

[4] Peng, Y., «An analysis of the implementation and future development of IMO Goal-based standards. Master of Science in Maritime Affairs», Malmö, Sweden: World Maritime University, 2011.

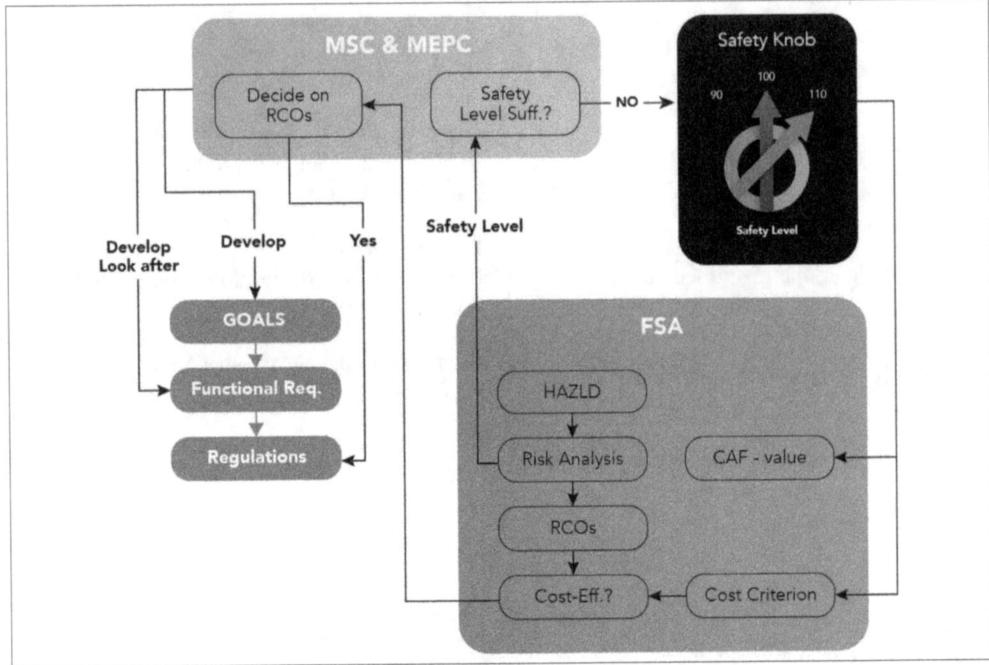

Fuente: *«Goal-based new ships construction standards: development of interim guidelines for the safety-level approach (SLA) to the IMO rule-making process». Submitted by Germany and Netherlands. MSC 95/5/2 (3march 2015) Annex page 9.*

Figura 6.3. Visión panorámica GBS - FSA - OMI.

5.1   *Aplicación del modelo sobre nivel de seguridad al sistema GBS*

Las enmiendas al SOLAS de mayo de 2010 del actual sistema GBS para los buques petroleros y graneleros no especifican un nivel de seguridad en el sistema. Ello es debido a que el régimen fue desarrollado principalmente con un modelo determinista, y en consecuencia el riesgo no ha sido evaluado con el enfoque de nivel de seguridad *(safety level aproach* o SLA) y no está integrado todavía en los objetivos de seguridad. «Como el modelo determinista ha logrado un progreso significativo y el GBS trata sobre su implementación, el núcleo del GBS tiende a ser transferido al SLA», afirma Yue Peng.[5,6] Este

---

[5] Ídem 19

[6] Ver en el BOE nº 308, de 23 de diciembre 2011, la incorporación al derecho español de las: «Normas internacionales de construcción de buques basadas en objetivos para graneleros y petroleros, adoptadas el 20 de mayo de 2010 mediante Resolución MSC.287(87)».

GBS inicial aplicó un enfoque determinista que adaptaría la verificación de la conformidad de las actuales Reglas Estructurales Comunes del IACS para petroleros y graneleros.

Debe entenderse bien la terminología: las reglas IMO GBS son un conjunto de «reglas de reglas», lo que significa que las pautas GBS establecen los estándares que deben cumplir los criterios contenidos en las reglas desarrolladas por la sociedad de clasificación u otras entidades industriales. También se debe tener en cuenta que la verificación de las reglas de clase significa una auditoría de «conformidad» (en lugar de «cumplimiento») con los estándares.

En su 89.ª sesión celebrada en Londres del 11 al 20 de mayo de 2011, el Comité de Seguridad Marítima de la OMI (MSC 89) volvió a poner en marcha el proceso de desarrollo de normas GBS para nuevas construcciones basadas en un enfoque de nivel de seguridad.

El conjunto de estándares SLA para GBS no se definirá de manera prescriptiva, sino que se establecerá una serie de niveles de seguridad que se desarrollarán aplicando enfoques de evaluación formal de seguridad (EFS). En general los estándares SLA para GBS seguirán siendo un conjunto de «reglas de reglas», y la verificación servirá para auditar la «conformidad» de las reglas para nuevas construcciones con los estándares SLA definidos por el sistema GBS.

Las reglas SLA para GBS establecerán estándares no solo para las regulaciones de clase sino también para el desarrollo de las futuras regulaciones de la OMI (y tal vez para la revisión de los niveles de seguridad de las regulaciones actuales).

El MSC 89 desarrolló un conjunto de pautas genéricas para desarrollar el conjunto de nuevas reglas SLA para GBS. Al igual que las reglas actuales de GBS, las reglas SLA para GBS estarían constituidas por objetivos (Nivel I), requisitos funcionales (Nivel II), verificación de conformidad (Nivel III), normas y regulaciones (Nivel IV) y prácticas y estándares de la industria (Nivel V). El SLA para GBS incluiría una sección relacionada con el control, para comprobar si los estándares establecidos a través del SLA/EFS son suficientes o si necesitan cambios.

5.2   *El botón de seguridad*

El SLA puede proporcionar a la OMI un botón de seguridad para ajustar el nivel de seguridad cuando sea necesario de una forma consistente, verificable, transparente y confiable para rectificar las deficiencias observadas.[7]

....

[7] Organización Marítima Internacional, 2006.

El SLA proporcionará niveles apropiados para medir diferentes aspectos de la seguridad (del buque, de los pasajeros, de la carga y el medio ambiente), que se encuentran en el GBS Paso I. En este paso, cada nivel de seguridad debería estar subdividido según requisitos funcionales del Paso II. Como ya se ha dicho en la sección EFS vs GBS, para hacer una estimación de riesgos debe usarse el principio ALARP como criterio de evaluación. Los límites de ALARP relacionados con el riesgo individual y los criterios de aceptación y riesgo social para las medidas de seguridad son los parámetros de la evaluación de seguridad formal,[8] que están controlados por el botón de seguridad. Otro aspecto importante que controla el botón de seguridad son los criterios de rentabilidad. Tal y como se explicó anteriormente, se puede utilizar el índice CAF *(Cost of Averting a Fatality* o coste de evitar una fatalidad). La base de las reglas y regulaciones que afectan al nivel de seguridad de los buques es la evaluación formal de seguridad, dado que controla todos estos parámetros. Cuando algo no sea correcto en el botón de seguridad, se verán afectados algunos de los parámetros básicos configurados, como se muestra en la figura 6.4).

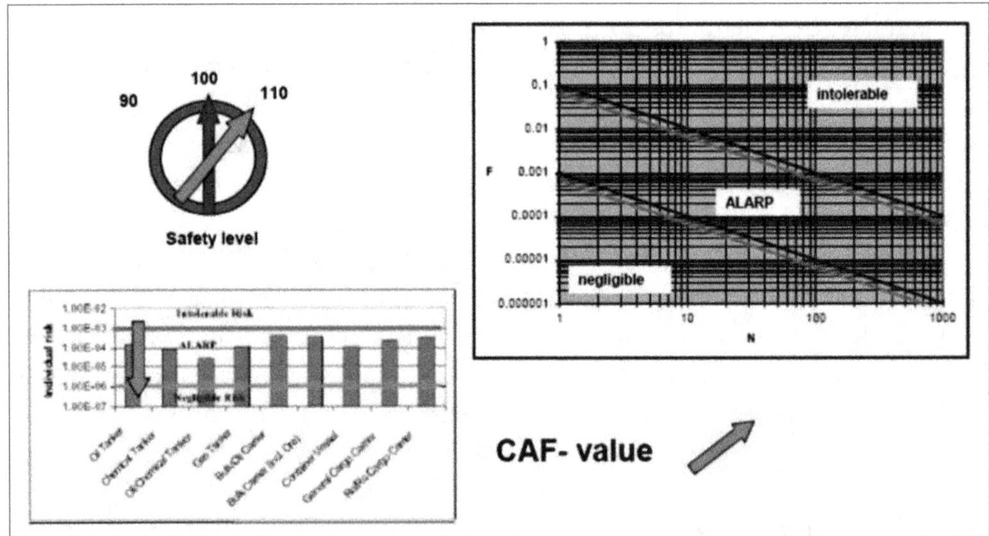

Fuente: Organización Marítima Internacional. (7 de marzo de 2006). Estándares de construcción para los nuevos buques basados en objetivos: El modelo del nivel de seguridad – introduciendo el botón de seguridad para controlar la seguridad marítima. Presentado por Dinamarca y Alemania (MSC 81/6/8). Londres.

Figura 6.4. Relación entre CAF y el botón de seguridad.

[8] Organización Marítima Internacional, 2006.

6   Trabajo adicional en SLA-GBS

Una de las tareas pendientes relacionadas con el desarrollo del enfoque de nivel de seguridad aplicado a las normas basadas en objetivo es determinar el nivel de seguridad del sistema normativo actual analizando los datos históricos de la industria. Esto incluye determinar un objetivo general de nivel de riesgo aceptable y niveles de riesgo individuales para los tipos de víctimas individuales y, en consecuencia, adaptarlo a las normas basadas en objetivos.

Hay que tener en cuenta dos factores importantes que pueden afectar a la validez de los datos estadísticos:

- Los datos disponibles deben ser lo suficientemente amplios para demostrar el nivel de seguridad. Siempre hay casos no denunciados que no se registran en las estadísticas. La flota actual registrada es solo una parte de la flota real en todo el mundo. Por lo tanto, es imposible registrar todos los accidentes en el mundo. Se ha de tener en cuenta la forma de organizar los datos con diferentes métodos.

- La categorización de los buques, el tamaño de la flota y el período de registro difieren mucho en las distintas fuentes estadísticas, por lo que la evaluación puede conducir a resultados diferentes según la fuente utilizada.[9]

Por lo tanto, de acuerdo con la teoría estadística, se necesita recopilar información a largo plazo para que la frecuencia sea igual a la probabilidad. Esto permitirá aplicar correctamente el enfoque de nivel de seguridad. Además, la aplicación de un modelo uniforme para registrar los datos de accidentes ayudará a elaborar un registro histórico válido sobre el nivel de seguridad. Para concluir, la determinación del nivel de seguridad es un trabajo a largo plazo que requerirá mucho esfuerzo.

Como se ha señalado, la evaluación formal de seguridad ayuda a determinar el nivel de seguridad actual, ya que cuantifica el nivel de riesgo actual, pero no incluye los objetivos de seguridad. El proceso de la evaluación formal de seguridad será necesario para incluir los requisitos funcionales en la estructura de las normas basadas en objetivos con el fin de identificar los defectos del sistema, así como para desarrollar requisitos detallados, como se muestra en la figura 6.3. Hay que recordar además que los fallos técnicos del FSA deben ser corregidos previamente.

---

[9] Organización Marítima Internacional, 2010.

El enfoque de nivel de seguridad debe aprovechar el desarrollo y las mejoras que se hagan en la evaluación formal de la seguridad en el futuro. Se están completando los borradores de las directrices para la aplicación del SLA-GBS al proceso de elaboración de reglas de la OMI. Estas directrices deben tener en cuenta que la descripción de los objetivos, los requisitos funcionales y las reglamentaciones puede incluir elementos esenciales para el desarrollo de los instrumentos de la OMI y la verificación de la conformidad de las mismas.

Sin embargo, esta fase de transición no puede hacerse de una vez, sino paso a paso hasta alcanzar la meta. El primer paso sería aplicar la primera fase de la evaluación formal de la seguridad, por lo que la identificación de los requisitos funcionales debe ir acompañada del HAZID. En esta fase, se establecerá la relación entre las regulaciones y los requisitos funcionales. La segunda fase sería identificar el nivel actual de seguridad de las regulaciones para las diferentes áreas funcionales mediante la evaluación formal de la seguridad. Por lo tanto, hay que hacer un análisis de riesgo (EFS, paso 2), identificar las opciones de control de riesgo (EFS, paso 3) y finalmente llevar a cabo una evaluación de costo-beneficio (EFS, paso 4). En la última fase de la transición, deben reestructurarse los instrumentos de la OMI para separar los objetivos a largo plazo y los requisitos funcionales de las reglamentaciones.

En esta fase de transición podría ser una buena opción mantener la estructura actual de alto nivel de los instrumentos de la OMI, como MARPOL, SOLAS y Códigos.

Una vez culminada la fase de transición, el primer paso para desarrollar el enfoque de nivel de seguridad debería ser aplicarlo al estándar de construcción de nuevos buques graneleros y petroleros donde los resultados pueden ser calibrados con el enfoque prescriptivo. En segundo lugar, el alcance del trabajo podría ampliarse a áreas o tipos de buques en los que no se tiene mucha experiencia.

La OMI debería hacer un seguimiento de las últimas tecnologías adoptadas por la industria, como el diseño basado en riesgos (RBD) y la evaluación de fiabilidad estructural (SRA), ya que están estrechamente relacionadas con el enfoque de nivel de seguridad y las normas basadas en objetivos.

7   Generalización del sistema GBS

Actualmente, el régimen GBS es aplicable solo en la estructura de graneleros y petroleros de más de 150 metros de eslora. Teniendo en cuenta que la seguridad estructural no puede considerarse aisladamente, sino que debe formar parte de un marco general, el alcance actual de las normas basadas en objetivos es solo una pequeña región que forma parte de todo el sistema de seguridad marítima y la protección del medio ambiente. Esto significa que el futuro las normas basadas en objetivos deberían centrarse en una generalización del sistema.

Desde que comenzaron a desarrollarse las normas basadas en objetivos, se acordó en el plan a largo plazo extender todo su rango de aplicación, pero solo después de haberlo experimentado. Esta idea de ampliar su alcance también se reflejó en el principio básico de las normas basadas en objetivos descrito anteriormente. Es ampliamente reconocido que las normas basadas en objetivos tienden a aplicarse a todo el sistema de regulación marítima debido a las ventajas que aporta, como la transparencia técnica y la apertura para la innovación técnica.

Las Directrices genéricas para el desarrollo de estándares basados en objetivos aprobadas pueden considerarse como un trabajo de preparación para extenderlas a otros campos marítimos, a los que proporciona una base.

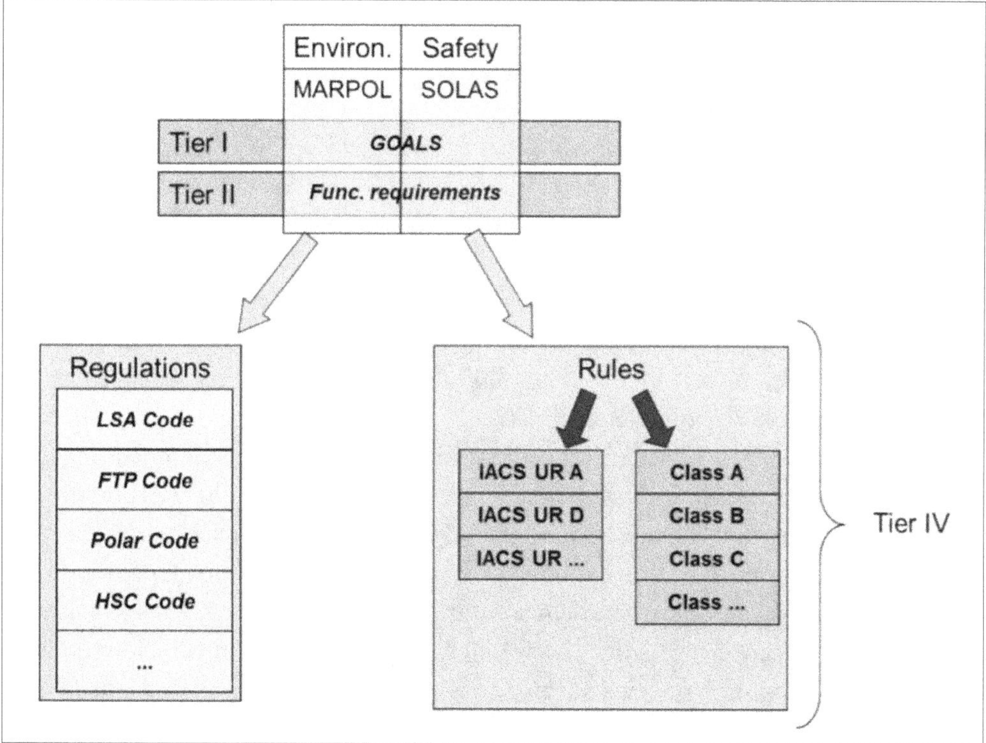

Fuente: Estándares de construcción para los nuevos buques basados en objetivos: elaboración de directrices provisionales para el enfoque del nivel de seguridad (SLA) para el proceso de elaboración de normas de la OMI. Enviado por Alemania y Países Bajos. MSC 95/5/2 (3 de marzo de 2015) Anexo página 4.

Figura 6.5. Relación entre la OMI y sus regulaciones con las reglas estructurales IACS.

7.1 Análisis sobre el proceso de generalización de las normas basadas en objetivos

Lo más importante es identificar claramente las áreas que no están cubiertas por el sistema GBS actual. En primer lugar, otros tipos de buques, como portacontenedores, buques de pasajeros, buques de carga general, transportadores de GNL/GLP, etc., así como graneleros y petroleros de menos de 150 metros de eslora. En segundo lugar, también hay que cubrir la maquinaria y las instalaciones eléctricas. En tercer lugar, existen muchas reglamentaciones sobre la seguridad marítima, como estabilidad/flotabilidad, seguridad contra incendios, salvamento y seguridad de la navegación, donde el sistema GBS puede desarrollarse aún más. Por último, es muy importante la protección del medio ambiente.

En el proceso de generalización del sistema GBS hay que tener en cuenta dos elementos clave: la necesidad y su factibilidad. Por lo tanto, parece natural que las normas basadas en objetivos se deban aplicar primero a las áreas de la navegación donde sean más necesarias y generen más impacto, pero, antes de implementarlas, se debe evaluar su viabilidad.

Dado que la motivación original para desarrollar las normas basadas en objetivos en la OMI era ejercer mayor control sobre las normas de construcción de buques, no hay necesidad de apresurarse a cubrir otras áreas reguladas ya por las normas o convenciones de esta organización, como la estabilidad, la seguridad contra incendios y el salvamento de vidas.

Debido a la falta de datos estadísticos, las limitaciones y las deficiencias técnicas, no se puede utilizar el enfoque de nivel de seguridad en este momento para desarrollar el sistema GBS. Se están corrigiendo los fallos en este enfoque y, mientras tanto, se puede aplicar un enfoque determinista.

Existe una tendencia a maximizar el desarrollo de buques portacontenedores, cuya estructura está suscitando cada vez más atención de la industria naviera, que previsiblemente incrementará la fabricación de este tipo de navíos. Con la experiencia obtenida en la aplicación de las normas basadas en objetivos a graneleros y petroleros, en poco tiempo se podría aplicar también a buques portacontenedores.[10] Por lo tanto, el primer paso en el proceso de generalización del sistema GBS sería este. Como se puede comprobar en la figura 6.6 en los últimos años se ha incrementado significativamente la capacidad mundial de los buque portacontenedores y su número.

------

[10] Peng, Y., «An analysis of the implementation and future development of IMO Goal-based standards», Master of Science in Maritime Affairs, Malmö, Sweden: World Maritime University, 2011.

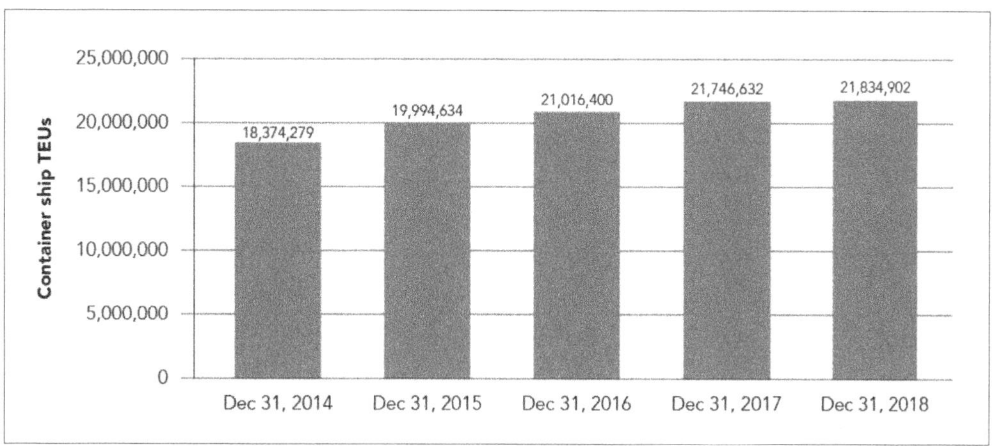

Fuente: *Statista. Pronóstico para la capacidad mundial de TEU de buques portacontenedores desde 2014 hasta 2018.*

Figura 6.6. Previsión de la capacidad mundial de buques portacontenedores en TEU hasta 2018.

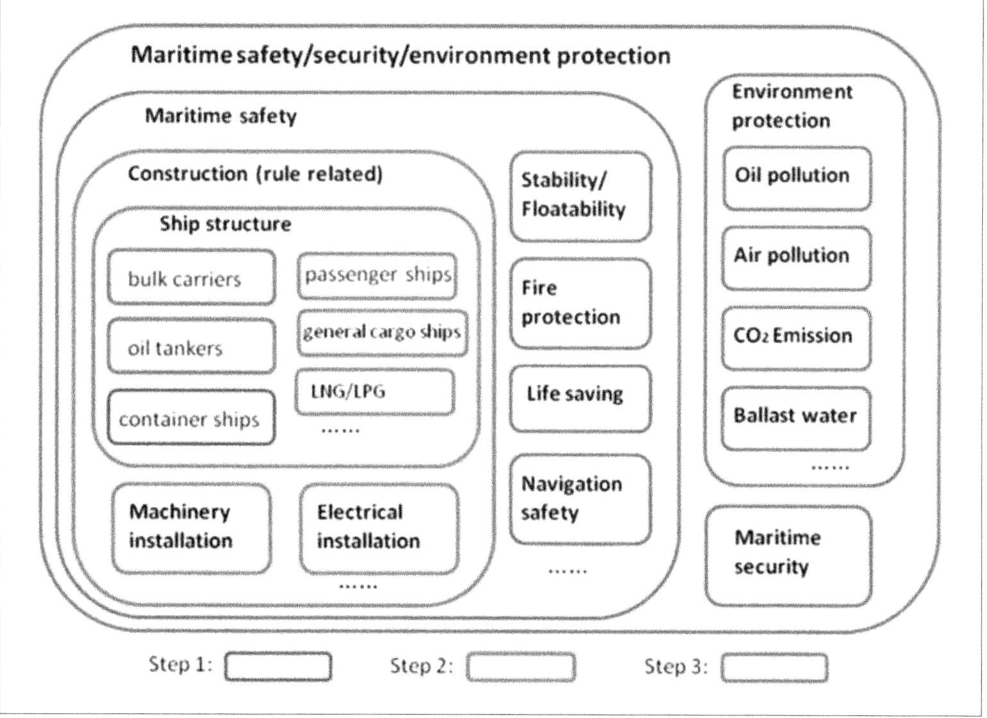

Fuente: *Peng, Y., «An analysis of the implementation and future development of IMO Goal-based standards», Master of Science in Maritime Affairs. Malmö, Sweden: World Maritime University, 2011.*

Figura 6.7. Esquema de pasos a seguir para la expansión las normas basadas en objetivos.

El segundo paso en el proceso de generalización del sistema GBS sería centrarse en la maquinaria y las instalaciones eléctricas, que ya se encuentran ampliamente reguladas en la estructura de otros tipos de buques. En principio, la idea es ampliar el sistema GBS a la regulación de otras áreas que no están sometidas a un control tan estrecho de la OMI.

En otro paso hacia la generalización de este sistema, la OMI ha desarrollado diversas regulaciones y códigos en diferentes áreas relacionadas con la seguridad contra incendios y el salvamento, así como con el medioambiente (contaminación del mar por petróleo y del aire por emisiones de CO_2). Estas regulaciones y códigos son estándares prescriptivos y están incluidos en el Paso IV de la estructura del GBS.

7.2 *Recomendaciones prácticas sobre la generalización del esquema GBS*

Para empezar, cada año se puede fijar una fecha para que las sociedades de clasificación presenten nuevas enmiendas y deben programarse las auditorías poco después de las presentaciones. Esta medida no solo acortaría el tiempo de espera para las auditorías, sino que también facilitaría la gestión de la verificación periódica.

Disponer de suficientes auditores es clave para cumplir con los objetivos y plazos en la implementación de la verificación de las normas basadas en objetivos. Como se ha dicho anteriormente, los estados miembros y las organizaciones internacionales deberían presentar más candidatos a ocupar el puesto de auditores del sistema GBS. Han de tener un nivel muy alto de experiencia y antecedentes, y podrían proceder de la industria del diseño de buques o construcción naval, institutos de investigación o universidades.

En el caso de que no haya suficientes auditores calificados para el la verificación, se podrían considerar dos medidas para paliar el problema:

* Tratar de hacer equipos de auditoría con la experiencia requerida en lugar de fijarse en candidatos individuales, para lo cual se seleccionarán auditores con diferentes antecedentes y formación técnica.
* Combinar las revisiones de reglas para reducir la carga de trabajo y los recursos laborales.

Por último, pero no menos importante, habría que establecer en las normas basadas en objetivos un grupo o sección dedicado a estudiar su implementación en el futuro. Por el momento, la verificación de la aplicación de las normas basadas en objetivos puede ser realizada por el personal existente. Sin embargo, a medida que esta se amplíe a otros tipos de buques y aspectos, esta tarea no podrá ser absorbida por la Secretaría, por lo que será necesario establecer un nuevo grupo o sección especializada que se encargue de la gestión y coordinación de las verificaciones iniciales y de mantenimiento. Además, a largo plazo la OMI tendrá que desarrollar y mantener una base de datos sobe el sistema GBS. A medida que la aplicación de las normas basadas en objetivos se amplíe, la información histórica relacionada con la verificación de reglas se volverá más vasta y complicada, lo que obligará a informatizarla para implementar con éxito este sistema.[11]

8   Otras formas de desarrollar las normas basadas en objetivos: *Vessels for the future*

Vessels for the Future es una sociedad de investigación que reúne a diversas empresas y entidades relacionadas con la industria marítima e interesadas en su futuro, como armadores, astilleros, proveedores de sistemas de buques, sociedades de clasificación, institutos de investigación, departamentos universitarios y asociaciones. Fue presentada en Bruselas el 5 de noviembre de 2014, en que celebró su primera asamblea. La asociación coordinará y promoverá el desarrollo e innovación de la tecnología marítima, con el objetivo de abordar los desafíos sociales y de garantizar un transporte marítimo más seguro, limpio, eficiente y competitivo. La asociación cree que se puede lograr un crecimiento sostenible con las innovaciones marítimas.[12]

....

[11] Peng, Y., «An analysis of the implementation and future development of IMO Goal-based standards», Master of Science in Maritime Affairs, Malmö, Sweden: World Maritime University, 2011, p. 46.
[12] Ver: www.vsm.de/.../the_european_vessels_for_the_future_initiative_e.

www.ingramcontent.com/pod-product-compliance
Lightning Source LLC
LaVergne TN
LVHW080433200726
843507LV00004B/809